产品战略

产品经理资质培养指导教材

极致产品
打造与开发

THE CREATION AND DEVELOPMENT OF
ULTIMATE PRODUCTS

张甲华 著

金盾出版社

JINDUN PUBLISHING HOUSE

图书在版编目（CIP）数据

极致产品打造与开发 / 张甲华著. -- 北京：金盾
出版社，2025．7．--（产品战略规划丛书）．-- ISBN
978-7-5186-1868-2

Ⅰ．F273.2

中国国家版本馆 CIP 数据核字第 2025WY0175 号

极致产品打造与开发

（产品战略规划丛书）

张甲华　著

出版发行：金盾出版社	开 本：787mm×1092mm　1/16	
地 址：北京市丰台区晓月中路 29 号	印 张：15	
邮政编码：100165	字 数：235 千字	
电 话：（010）68276683	版 次：2025 年 7 月第 1 版	
（010）68214039	印 次：2025 年 7 月第 1 次印刷	
印刷装订：北京印刷集团有限责任公司	定 价：65.00 元	
经 销：新华书店		

总　序

中国改革开放的 40 多年，是经济大发展的 40 多年，也是中国企业不断探索，学习国外先进产品和管理理念的 40 多年。走到现在，国外先进产品、技术几乎已经学得差不多了，随着中国的消费升级，那些只模仿而不进行产品创新的企业，找不到自己的发展方向，只能加入无休止的"内卷"。

管理只能提高效率，不能解决企业的生死，只有产品才决定企业生死。虽然中国学习国外的企业管理理论已有几十年，各大学的经济管理学院招生都比较火爆，开设 MBA（工商管理硕士）的大学越来越多，中国企业的管理水平也大大提升，但是在当前的产业转型升级和供给侧结构性改革中，很多职业经理人或企业老板仍感觉无能为力，甚至无从下手。

当前中国企业应该由管理时代向经营时代转变。企业家们应该有新一轮的思考：企业经营的本质是什么？应该是经营产品。企业经营从内容上可以分为对"人"的经营和对"产品"的经营，但企业家们长期对产品经营重视度不够。在学术层面产品经营也长期被弱化，研究普通员工的管理和客户营销的相关学术理论很多，特别是如何提升企业中高层的领导力和管理能力，而专门研究产品战略规划的相关理论和书籍则少得可怜。

如何解决企业当前产品竞争力不强、"内卷"严重的经营困惑呢？

笔者认为企业应该重视消费升级趋势和产业转型升级规律研究，基于新商业逻辑和产品价值体系，做好系统化的产品战略规划，实现产品的"好卖"并"卖好"，持续增强企业的生命力。

如何做好产品战略规划呢？

基于自身 15 年创业和 18 年管理咨询的经历，笔者反复思考企业如何进行产品战略规划，确保产品"好卖"并"卖好"，专注 6 年撰写了这套产品战略规划丛书：《需求洞察与产品定位》《极致产品打造与开发》《商业模式与数字营销》《产品价格战略》《品牌战略规划》《产品协同战略》《产业转型升级与产品开发战略》。

产品战略规划的本质是实现产品的"好卖"和"卖好"，主要包括以下内容。

"好卖"的产品应该同时具有产业前瞻性、良好的市场性、明确的价值定位和独特的产品精神。

（1）产业前瞻性是指企业应该遵循产业的发展规律和转型升级路径，规划设计企业的转型升级战略，并制定相应的产品开发战略，也就是企业的产品战略规划应该符合产业分化的发展规律。产品首先具有产业发展的前瞻性，才能为企业指明技术研究方向，才能引领消费者。其相应内容在产品战略规划丛书的《产业转型升级与产品开发战略》中阐述。

（2）良好的市场性是指产品首先解决的是市场上的真需求，其次是要有巨大的市场规模潜力、精确的产品定位和目标市场定位。其相应内容在产品战略规划丛书的《需求洞察与产品定位》中阐述。

（3）明确的价值定位是指产品设计基于新商业逻辑和产品价值模型理论，有明确的、独特的价值功能诉求和定位，具有良好的产品体验。其相应内容在产品战略规划丛书的《极致产品打造与开发》中阐述。

（4）独特的产品精神是指产品应该具有文化元素的灵魂，具有独特的产品精神和产品基因，指引产品不断迭代升级和传承。其相应内容在产品战略规划丛书的《极致产品打造与开发》中阐述。

产品要实现"卖好"应该做好产品的协同战略、价格战略、品牌战略和数字营销，使企业产品从各自为战走向集团军协同作战。

（1）协同战略是指构建产品之间科学、多功能的产品组合，规划好产品间的协同战略，制定好竞争产品的区隔策略，使企业各产品之间形成一个相互协同的有机系统，提升产品竞争力，实现产品"好卖"和"卖好"。其相应内容在产品战略规划丛书的《产品协同战略》中阐述。

（2）科学的价格战略是指根据产品协同战略利用消费心理效应采取多样化的价格管理技巧和策略，科学利用价格战，提高产品的吸引力。制定产品价格战略是一个系统性工程，定价不是价格管理的结束，而是价格管理的开始。其相应内容在产品战略规划丛书的《产品价格战略》中阐述。

（3）良好的品牌战略为产品注入燃烧的激情，赋予内在精神，点燃人们的内心。企业应紧扣时代脉搏，以全新视角规划品牌战略，系统构建企业的品牌战略框架，并做好品牌打造、品牌传播、品牌体验和品牌升级，打造一个具有强大影响力和竞争力的品牌。其相应内容在产品战略规划丛书的《品牌战略规划》中阐述。

（4）数字化销售预警体系是指为了保证产品战略规划策略落地并实现预期目标，既要采用 $APPEALS 模型和 FFAB 模型深刻挖掘产品卖点，也要像火箭飞行过程中的预警和时刻调整一样，采用大数据、数字化等新技术科学预测、设计、监控并调整产品的成长轨迹，保证产品良性成长和战略目标实现。其相应内容在产品战略规划丛书的《商业模式与数字营销》中阐述。

本套产品战略规划丛书旨在阐明：要想解决企业长久的健康发展问题，出路在于重视产品经营并做好产品战略规划；从产业分化规律和洞察真实需求出发，结合产品价值理论和产品定位打造极致产品，科学规划产品协同战略，做好价格战略和品牌战略，利用数字化新技术时刻监控并及时优化营销策略，实现产品"好卖"并"卖好"，确保企业可持续、高质量发展。本套产品战略规划丛书是产品经理职业技能的核心内容，可作为产品经理资质培养指导教材。

2024 年 9 月，笔者参与起草了《产品经理资质等级与认定团体标准》（已于 2025 年 1 月发布），已授权作为本丛书的附录，详细内容参见《产业转型升级与产品开发战略》附录。

张甲华

2024 年 11 月

前　言

有人说：“公司失败，本质都是产品经营的失败。”产品经营的好坏直接关乎公司兴衰，因为产品不仅是企业创造利润的媒介，更是有生命、有灵魂、有基因的“个体”。

（1）产品就像孩子，是有潜质和生命力的。不同产品的潜质和生命力不同。产品的潜质和生命力需要我们去验证，规划不同的发展路径帮助其成长。

（2）产品的成长是有规律的。不同成长阶段的产品，其特征不同。只有正确评估产品所处的成长阶段并对应施策，才能正确认知和实现产品的最大效用，否则不仅浪费资源还达不到预期的效果。产品的合理结构、集团化协同作战和产品梯队化发展是企业高质量发展的基础；正确评估和认知企业的产品结构，并制定正确的发展策略，是企业高质量发展的必由之路。

（3）产品的生命力是相对的，与竞争对手相关。竞争的本质在于产品的差异化，无差异化则只能靠价格竞争。高层次产品的差异化是产品精神、产品灵魂的差异化。只有正确评估和认知产品所处的市场竞争激烈程度和产品的竞争力并科学施策，才能提升产品的竞争力和生命力，促使产品良性成长，实现企业科学发展。

（4）产品之间需要协同。要处理好产品与“兄弟姐妹”的关系，包括竞争关系和互补关系，科学设置产品组合。

企业产品经营的第一个问题就是如何能打造出极致产品。打造极致产品，是指在产品“出生”前，基于产品价值理论，打造高潜质和强生命力的新产品。好产品是企业发展的基石，现在的转型升级或消费升级，本质是产品升级。只有不断打造出“好卖”的产品，才能实现产品线、产品系列和产品型号的发展，实现“造血”功能，支持公司持续高质量发展。

本书系统介绍了商业逻辑和产品价值的本质问题，总结提出"定位—产品—体验"才是当前的新商业逻辑，产品创新才是现在企业的根本发展动力源泉；系统剖析了产品价值，提出从产品的高层次价值着手筹划才是打造出极致产品的有效路径。

通过系统分析产品价值本质，本书构建了产品价值层次理论和产品价值实现理论。

产品价值层次理论是把产品本身价值分为实用价值、性能价值、功能价值和精神价值4个递进层次。实用价值是产品的基础核心价值；性能价值主要是为了提升用户的体验和满意度，在安全、易用性等方面的设计；功能价值是指满足人们对健康等层面的需求，通过新技术、新材料、新工艺等赋予产品额外的功效；精神价值是指满足人对某种情感或精神上的追求和美好向往，赋予产品精神，给予产品灵魂。丰富产品的功能价值和精神价值才是打造极致产品的精髓和密码。产品价值层次理论启示我们应该重点打造产品精神、产品基因、差异化产品功能等，并重视产品的代系标准构建。

产品价值实现理论是把产品价值实现分为认知价值、传播价值、体验价值和信誉价值的实现。认知价值是指如何让消费者更容易记忆并对我们的产品有好感，涉及产品品类定位、产品定位、产品精神价值等相关内容。现在消费体验时代已来临，极致体验的打造越来越重要，从产品价值实现模型可以得出，在产品的概念设计阶段，要对产品品类定位、产品定位和产品用户体验设计等进行系统思考和搭建。

基于对新商业逻辑和产品价值分析的研究思考，本书构建了极致产品规划体系，即极致产品地图，从"灵魂是产品的指引""定位是产品创新的基石""产品力是产品发展的根本""用户体验是产品创新的目的"来设计打造极致产品的逻辑框架。本书从产品灵魂篇、产品力提升篇和产品开发管理篇三部分展开，旨在构建能打造出有生命力的产品的逻辑方法论。期望能够帮助创业人员、产品经理和研发人员不断成长，不断打造出有生命力的产品，促进企业持续高质量发展。

张甲华

2024 年 11 月

目　录

第二篇　产品力提升篇

第三篇　产品开发管理篇

第一篇
产品灵魂篇

| 有灵魂的产品才是好产品！

第1章
新商业逻辑

企业的战略布局基于商业逻辑，在研究如何真正提供一个极致的产品来立足于市场之前，我们不能忽略对商业活动的内在本质——商业逻辑的研究。

1.1 传统商业逻辑

商业逻辑是指企业运行并实现其商业目标的内在规律，其作为企业成长的底层逻辑不是一成不变的。

20世纪八九十年代，定位理论传到中国之后，诞生了不少借此方法运作成功的品牌，比如农夫山泉、王老吉等。创办于1996年的农夫山泉品牌，当时想在成熟的纯净水市场与娃哈哈、怡宝等品牌硬杠但没有优势。农夫山泉用了"定位—广告—经销商渠道"这三招彻底在市场中站稳了脚跟。

第一招是定位自己为天然水，将瓶装水命名为"农夫山泉"，"山泉"二字直接体现了自己的定位，即"天然"。同时发起公关之战，掀起"天然水"与"纯净水"之争，称长期饮用纯净水对健康危害很大，让大众更倾向于选择天然水。

第二招是创造有吸引力的广告语"农夫山泉有点甜"，在中央电视台、各个地方电视台大规模投放广告，不仅让人人都知道，还要让人天天看到，强化记忆，强化其天然水的定位。

第三招是大规模发展代理并让产品覆盖全国，有卖水的地方就有农夫山泉。

三招相互配合，仅仅几年时间，农夫山泉便成为天然水的领军品牌。农夫山泉的成功代表了上一代消费品牌成功的典型路径，这一套方法几乎无往不利。

典型代表还有宝洁公司，宝洁公司根据市场需求孵化海飞丝，占据去屑洗发水市场，然后在中央电视台花巨资进行广告宣传，在全国从大型超市到小商店迅速铺设产品，占据货架，很快便成为去屑洗发水知名品牌。

在传统中心化媒介时代，商品都是在同一个场景出现，区别仅仅是你买不买。由于信息的不对称性，消费者只能根据品牌在品类中的位置进行消费决策。这正是问题的关键所在，定位理论正是传统中心化媒介时代的产物。

然而，移动互联网打破了传统商业中依靠信息不对称而构建的市场格局，带来了信息控制权的转移。也正是在信息控制权转移的过程中，引发了价值链的重新组合。用户获得了更大的话语权，同时颠覆了一切基于信息不对称的商业逻辑。例如，年轻的消费者可以在玩游戏的同时，还在某个直播平台网红的带货下，直接下单购买另一个品牌的洗发水。他们看不见电视上的海飞丝广告。在这个过程中，年轻消费者和海飞丝始终在两个时空里，没有交集。于是，可以看到，定位理论所依赖的中心化的媒介基础不存在了，体验与参与的购买代替了心智记忆购买。

面对个性化的消费者，在碎片化的时间里，在没有权威化的体系里，消费者有了更多的发言权，可以提出体验痛点，可以参与到产品的研发和管理环节。产品不仅要满足各式的功能需求，更要提供个性化的体验，价值创造路径变得愈加复杂和深远。

价值创造是产品与消费者交互联结的结果，消费者并不会因为你是品类第一就高看你一眼，他们更在意的是产品体验、产品个性（产品精神）与价值观的契合。没有体验就很难有认同，没有认同就无法实现产品价值。

突围路径是什么？以生活方式重塑定位。

无论是商业逻辑的演变还是消费逻辑的演变，聚焦的核心始终是"人"。定位理论告诉我们最多的，就是为品牌建立一个明确的认知信息，然后利用定位，将品牌的认知信息传达给用户。

在互联网、信息化时代的语境之下，传统商业基于"心智认知记忆—吸引购买"的逻辑会被极大地重构。环境变了，逻辑变了，传统的商业逻

辑，即"定位—广告—经销商渠道"也发生了变化。传统商业逻辑如图 1-1
所示。

图 1-1　传统商业逻辑

消费品牌在 20 世纪的成功，大多有赖于其成熟稳定的方法。其商业逻辑
就是品牌锚定一个品类，占据这个品类的唯一"心智"，然后在中心化媒介
如中央电视台上大量投放广告，并且在全国大量铺代理、找渠道，从而获得
成功。

上一代营销模式取得成功，与它们所处的环境密切相关。

首先是定位，20 世纪末，市场基本上处于卖方市场，大部分商品供不应
求，品牌稀缺，产品竞争不激烈。一旦有品牌占据了某个品类的市场，就容
易形成优势。

其次是广告，中心化媒介渠道是必要的。中央电视台黄金时段的广告曾
让不少品牌"一夜成名"，主要是因为人们获得产品信息的渠道不多，一条
央视黄金时段的广告可以让几亿人看到并记住。几乎人人都会重复说几句广
告词，比如"南方黑芝麻糊""妈妈，我要喝娃哈哈 AD 钙奶"。

最后是经销商渠道，商场是客户购买商品的主要渠道，其与广告相互配
合，就会让消费者印象深刻从而购买。这需要各地的经销商在各大商场或小
的商店铺货。

也就是说，传统的商业逻辑是以中心化的广告传播为主，要么在电视频道，
要么在商场货架，实施饱和攻击，让用户能看得到、分得清、记得住。

1.2 新商业逻辑来临

1.2.1 新商业模式

现在到了产品回归、产品价值回归的时代。产品体验好是销售的基础，是消费者作出购买决策的主要依据。

现在有很多购买行为是在互联网、智能手机上完成的，传统商业逻辑前提条件发生了很大变化，企业的商业逻辑也就跟着进行相应变革。在碎片化时代，消费者的注意力已经被严重分散，中心化媒介已经不再存在，现在的年轻人看电视的时间越来越少，一个广告几亿人都能看到的情况也很少出现了。

在销售渠道方面，目前商品的销售渠道已经极为多元化，线下的超市、便利店，线上的淘宝、京东、拼多多，还有抖音、快手这样的内容平台，甚至官方自己的网站、小程序等渠道都在发挥作用，所以控制了线下渠道，不代表控制了一切渠道。

最重要的是消费者渐渐成熟，可比较方式多样化。现在消费者更注重体验，通过自己的体验，验证哪个产品更适合自己的需求。另外，消费者的个性化需求也呈现多样化，参与感也是其辨别产品的一种方式。

在这样的情况下，"定位—广告—经销商渠道"这种传统的营销方法在作用上大打折扣。在新的消费环境和趋势下，本书提出企业的新商业逻辑：定位—产品—体验。如图 1-2 所示。

图 1-2　新商业逻辑

企业在新商业逻辑下，应该首先做好定位，这里的定位包括精准定位市场细分、定位目标客户群、定位产品的功能需求、定位客户的心理需求，还要对产品的角色、类型、价格等进行准确定位。其次，现在是产品为王的时代，企业必须在定位的基础上，创新设计并开发出适合定位的有竞争力的产品。需要精确研究目标客户群的需求，不仅要了解客户对产品的功能需求，更要清楚客户的心理需求，设计开发出让消费者眼前一亮的、物有所值的产品，这才可能使企业持续发展。最后，消费体验时代来临，消费者注重体验，消费者体验好的产品才是好产品，体验是他们购买的最重要因素之一，所以企业需要改善消费者的体验从而提升自己的品牌知名度，可以通过研究消费者的体验进行用户体验设计，以提升自己产品的竞争力。

从发展路径来看，新商业逻辑与传统商业逻辑相比有相同点——定位，但定位的范围扩大，而且品类定位更加细分。

1.2.2 定位

新商业逻辑的定位更多是从大品类的细分品类入手进一步细分市场，品类更加精细。在竞争日益激烈的今天，品类划分越来越细，大的品类基本上很难再找到"蓝海"市场，市场份额被头部品牌牢牢占据，难以撼动，例如饮用水中的农夫山泉、娃哈哈和怡宝，可乐中的可口可乐和百事可乐，牛奶中的蒙牛和伊利。想要在这些大品类中赢得部分市场，需要付出极大代价，而且还不一定能成功。

新消费品牌必须从大的品类中锚定一个针对一定人群的小品类，并以此为突破口在大品牌的市场中开拓出一条路。拿速食面来说，康师傅和统一已经占据了方便面的大部分市场，此时再进入这个市场，要想成功很难。因此新消费品牌都是从速食面的大品类中切入一个小品类，比如螺霸王螺蛳粉只是针对口味独特的消费者做螺蛳粉这一品类。

远离大品类，聚焦小品类，是决定新消费品牌能否在初期赢得市场的最关键因素之一。这种聚焦小品类的策略是由当下市场环境决定的。对于新创的小品类品牌，一开始大品类品牌是看不上的，但当小品类品牌形成快速增长之势时，大品类品牌采取的策略往往是收购或任由其蚕食市场。

1.2.3 产品

这里的产品是指要开发的好产品。产品就是企业的生命线，产品力决定了公司的竞争力。按照新商业逻辑，应该先打造有特色的产品，先影响小众人群。

在媒介碎片化和审美多元化的今天，很难以一个广告去覆盖所有市场和人群，所以不适合应用上一代的"定位—广告—经销商渠道"这样的营销逻辑。新产品或品牌最初很少在中央电视台做那种"大广告"，而是聚焦于自身定位的潜在用户需求，去开发、定制他们喜欢的产品。例如现在比较成功的大疆无人机、华为手机、苹果手机等，都是以产品取胜的典型范例，这些公司注重研发，开发出了满足市场需求的产品。

新消费时代，一个产品往往不求全市场覆盖、满足所有人，而只求覆盖和持续影响某一细分市场的人群，再让这类人相互影响，形成一个个圈层的影响力。所以，有人认为产品主要包含三个要素：第一个要素是定位某一特定的目标客户；第二个要素是定位某一特定需求；第三个要素是找到解决方案。

显然，产品三要素是一种增长策略的基础性研发，其客户、需求、产品功能属性开发也都越来越细化。例如，一部分天猫客户在意的是新品时尚，一部分京东客户在意的是物流速度，一部分淘宝客户在意的是高性价比。

产品属性分为功能和情感两类。例如，猫饿了，给它一条鱼；狗饿了，给它一块骨头，能解决温饱就够了。但是，人类作为最高级的动物可没有这么好对付，我们需要的是一块"有说法"的骨头，一条"有内涵"的鱼。运用产品属性思维，赋予情感的连接，思考一下你的产品，是用功能属性还是情感属性在与用户对话。

因此，新商业逻辑中的产品，主要是指产品的竞争力。单纯地讲品质或功能，价值至少打一半折扣，高端产品必须考虑其附加价值——社交属性。简而言之，高端产品的价值由社交（心理）需求和品质需求组成。然而，实用型产品往往不具备社交属性，创建高端定位不是最优解。

1.2.4 体验

传统的商业逻辑第三个环节是在渠道上大量发展代理，并依靠代理占据市场，本质上是将货批发给经销商自己处理，占领消费者可能购买的商超等渠道。在今天的新商业逻辑下，产品为王。针对用户的全生命周期运营越来越重要，用户数据成为一种重要资产，因此开发新产品时，深入了解客户才能获得客户的需求，开发出竞争力强的产品，以获得更长期的价值。现在的消费渠道除了线下销售，更重要的渠道是在线上，例如京东、天猫、抖音及微博电商、微信小程序，还有企业自己的官方销售平台。在这些平台上，与消费者对话的往往是自己公司的人，崇尚产品体验，赢得客户。

新商业逻辑的本质是去渠道化的，通过这种模式，企业会更了解用户的行为和数据，不仅为自身优化产品和营销方法提供依据，也能实现消费者资产的长期积累。例如，我们可以将特斯拉、蔚来这类造车新势力视为新消费，它们不同于传统的汽车经销商模式，而是通过"电商+直营店（体验）"的方式直接销售和服务消费者，通过了解用户的体验反馈和口碑，分析出各种单品所针对人群的需求差异，从而为推广策略甚至新品研发提供基础。

现在人们比较热衷的直播就是网上购物，主要体现两点，即真实和互动。这两点对应到具体的场景下，刺激用户的交易意愿。

直播比较真实，让人产生信任感。越来越多的人开始重视食品安全，虽然食品安全主要依赖于政府相关部门的监管，但总是会有一些食品质量事故发生。一般人很难判定食品是否真正安全，原材料的生长环境是否使用了违禁农药，加工环节、包装环节、运输环节是否卫生安全。例如，有的卖家直播在大海上打捞海鲜，让客户随意挑选，然后现场称重，打上编号，打包装箱，甚至在旁边摆个桌子，放上蒸好的海鲜，现场演示怎么吃海鲜。商品的所有处理环节，客户都能看得到，所以客户很容易对卖家产生信任感，愿意下单。

直播可以通过互动建立关系。例如卖衣服的直播，卖家可以找个模特试穿，这样买家能即时看到效果。有意思的是，线下这种互动一般都是一对一的，搬到网络上就变成了一对多，一个卖家对多个买家。任何一个买家和卖家产生互动，其他的买家也都可以看到。不同的买家之间也可能因为经验分享产生互动，这都能营造购物氛围。只要有人点击购买，就会带动别人购买的欲望。

对于大多数想进入市场的新消费品牌来说，应该考虑的不是天花板有多低，而是应该瞄准一个巨头们不注意的细分市场，并在这个市场上占据先机，一旦这个策略成功，新消费品牌就算成功了一半。现在大多数企业需要研究开发出好的产品，然后下沉到具体的体验场景中，以线上、线下多种方式增加客户的体验，去洞察客户需求和决策动机。

因此，现在企业竞争的本质是产品竞争。产品具备 4 个价值层次：使用价值（基本需求）、精神价值（高层次需求）、体验价值（价值体现方式）、传播价值。

很多人在做产品的时候，只是停留在较低层次的价值实现，也就是使用价值上，少部分人开始注重产品体验和用户体验，通过产品的体验感增强用户对产品的认识、信任和购买。在这样的情况下，一旦行业发展放缓，红利期已过，行业进入者增多，面对同质化、竞争白热化的市场，如果产品依然停留在使用价值上，则不是被替代就是陷入价格战。

必须深入了解用户的第一本质需求与期望的体验，进而将其转化为产品开发标准。围绕这个市场达成以下条件。

（1）分析市场环境，准确定位自己的市场和客户群。

（2）确定竞争对手无法做到的或差异化的方面。

（3）确定这些功能（产品）的缺失会让用户感到痛苦。

（4）拥有提供这些功能（产品）的能力。

（5）能够设计合理的功能体验流程，为用户带来收益。

新商业逻辑时代是产品为王的时代，打造好产品并做好用户体验设计是产业发展成功的前提。

第 2 章
产品价值剖析

网上有一个流传了很久的卖杯子的故事。一个杯子到底能卖多少钱?

第 1 种卖法:卖产品本身的使用价值。仅仅当作一只普通的杯子,只有喝水的使用功能,只能卖 3 元 / 个。

第 2 种卖法:卖产品的时尚价值。将它设计成时下最流行的款式,可以卖 20 元 / 个。

第 3 种卖法:卖产品的品牌价值。将它贴上著名品牌的标签,能卖 50 元 / 个。

第 4 种卖法:卖产品的延伸功能价值。如果你猛然发现这只杯子的材料竟然是磁性材料做的,那可以挖掘出它的磁疗、保健功能,适合某一类人群,具有治病、保健功能。卖 80 元 / 个绝对可以。

第 5 种卖法:卖产品的纪念价值。如果这个杯子被某名人使用过,后来又被带到太空去转了一圈,都可以卖 2000 元 / 个了。

第 6 种卖法:卖产品的文化价值。如果它是宋朝的一件官窑古董,代表着不断创新、奋斗进取的精神内涵,可能一件能卖几十万元,甚至上百万元。

同样一个杯子,杯子的基本特性(功能、结构、作用等)依然如故,但随着杯子价值的不断转变,价格在不断地发生变化,消费者的选择也在变。

同样的一个杯子,赋予它不同的含义,其价值差别很大。所以,要打造伟大的产品,首先要分析产品的价值内涵。

从商业逻辑看,我们都知道产品分为设计制造和产品营销两大业务模块,所以产品价值也应该分为两部分进行剖析。一部分是产品价值塑造,从产品价值的塑造过程来看,可分为如何设计产品价值,包括产品有哪些功能和价值,例如产品的基础使用价值、安全价值、情感价值等;产品的生产制造价值，例如产品的制造工艺、使用何种材质等。另一部分是营销相应的产品价值实现部分，也就是产品对用户进行的认知传播价值，包括用户的体验、广告等。

本章构建了产品价值理论和产品价值实现模型，以便探究我们应该从哪些维度去打造伟大的产品。

2.1　产品价值理论

2.1.1　产品价值模型

产品价值是由产品的功能、特性、品质、品种与样式等组合，并赋予其精神或意义所产生的价值，它是顾客需要的中心内容，是顾客选购产品的首要因素，是决定顾客购买总价值大小的关键和主要因素。产品价值是由顾客需要决定的。顾客对产品的需求不同，构成产品价值的要素及各种要素的相对重要程度也会有所不同。

人们对某款产品所期待的价值不只是满足基础的功能作用，还要满足更多的价值。比如，现在很多人去吃饭，不只是吃饱就行，更多的是这顿饭是否吃得满意，这满意背后，就是提供了不同的价值，如社交的价值。再如，买一双运动鞋，不只是耐穿，还要看这个鞋品牌背后的价值主张，如耐克的"Just Do It"（尽管去做）提倡了一种敢闯敢做的精神主张。

人的需求是分层次的，产品是为了满足用户的各种需求才赋予其价值的，所以产品价值也是分层次的。参考人的需求层次理论，笔者认为产品价值也是依次递进的，产品的价值塑造从低层次向高层次可分为4个层次，如图2-1所示。

（1）实用价值：产品最基础的使用价值，解决客户的基本问题，满足人们最本质的需求。

（2）性能价值：产品的易用性、安全性、舒适性等赋予产品的价值，让产品充满了安全性、趣味性，把产品的附加值做足，消费者才愿意选择产品、分享产品。

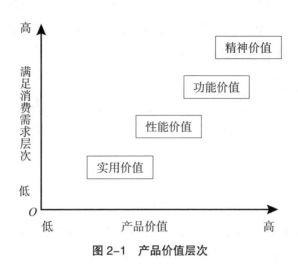

图 2-1 产品价值层次

（3）功能价值：满足人们对健康、额外功效等层面的理性需求，一般由新技术、特定的原材料或工艺等内容达成，在实用价值基础上增加了产品的其他功能，例如王老吉除了解渴的功能外还有降火的功效。

（4）精神价值：满足人们对某种情感或者精神上的追求和美好向往，赋予产品精神价值。例如现在有些人购买华为手机等产品，主要是崇尚华为精神，即持之以恒的奋斗精神、质量第一的工匠精神、开放包容的共赢精神。

产品的这 4 种价值是层层递进的，越往后往往价值越大，产品的价格也越高。现在市面上并不是每个产品都具备这 4 种价值。实用价值是产品价值的最低层次，是每个产品都应该具备的；对于性能价值来说，产品也都具备，但其性能价值不同，价格也不同；对于功能价值和精神价值来说，大多数产品不具备，这属于产品的高层次价值，具备其中一种或两种的都属于高档产品，其价格也比较高。

因此，随着我国消费层次升级，企业领导和产品经理应该从赋予或提升产品的功能价值和精神价值上思考，这样才能打造出伟大的产品。比如，我们口渴了，倒一杯白开水喝——实用价值；如果在郊外游玩，那只能在小商店买一瓶矿泉水解渴了——性能价值；如果在郊外游玩，当时既渴又热，买了一瓶王老吉喝，或者既渴又累，买了一瓶红牛喝——功能价值；如果买了一瓶非常贵的依云水喝，代表自己在享受一种天然、追求纯净的精神——精神价值。

总之，产品不能只是局限于满足用户的某个价值，还要根据用户需求提供更高层次的功能价值或精神价值。

2.1.2 产品价值内涵

产品价值理论能让我们更好地为自己的产品作出准确的价值定位，让消费者优先选择产品。每种价值的内涵如下。

1. 实用价值

这是我们最常见的产品价值，也是很多人做产品都会做到的层面。比如，手机最基础的价值就是打电话、发信息等通信功能。并不是每个产品或品牌都适合满足精神诉求的产品定位，这需要产品品质的打造和大量资源的投入。不可盲目追求产品的高定位，如果自己的产品或品牌在这个品类中并没有很大的知名度，却强调伟大的精神诉求，则一般很难达到对应的效果。因为并不是所有的产品都能像瑞幸咖啡一样，初期就把知名度和品牌做起来。

2. 性能价值

现在是用户注重体验的时代，减少操作步骤可以提升产品的易用性，进行技术创新可以提升产品的安全性和舒适性，这都是提升产品价值的有效途径。

在产品性能价值方面，需要产品经理和设计者们不断提出问题并解决问题，然后重复这些连续的步骤，打造极致产品，提升产品性能价值。

乔布斯可谓是性能价值创造的典范。

（1）苹果手机在开发初期，作为智能手机技术很先进但却很难使用，因为它总是带着一个键盘。

（2）人们需要一个大屏幕和一个鼠标，但是把鼠标带来带去，显然会很麻烦。

（3）替代方案是使用触屏笔，可触屏笔很容易弄丢。该怎么办呢？干脆用我们的手指。

这就是触屏手机想法产生的过程。

3. 功能价值

功能价值是指用特定的产品（通常为新产品）替代相关产品（通常为当前使用的产品）给顾客带来新功能，满足客户的一部分特定需求。例如，脉动饮料属于运动功能饮品，适合运动后饮用，它除了具有解渴的功能外，还带着淡淡的水果味和清爽醒神的酸味，可适度调节情绪；它含有水溶性维生素，为人体补充需要的营养物质。

根据马斯洛需求层次理论，人在满足温饱等基础性生理需求后，还具有对健康、安全等功能性的需求。比如，我们在外面吃饭不只是为了吃饱，还会考虑餐厅提供的食品是否卫生、安全、健康等。这背后是人对死亡的恐惧心理，也是对自我安全的天性需求。

那什么样的情况下该强调产品的功能价值呢？

比如医疗美容行业，很多消费者对这个行业还处于功能性风险认识的阶段，担心美容店存在隐形消费、技术不够安全可靠等。那我们就需要在安全、健康、用户信任度等功能性层面思考产品的价值主张。因此，是否采用功能价值作为产品的价值主张方向或卖点方向，可以看产品所属行业发展的认知阶段和本身属性等维度。

4. 精神价值

这种产品价值现在经常看到，而且会越来越多。比如百事可乐的"渴望无极限"、中国李宁运动品牌的"让改变发生"、苹果公司的"再一次，改变一切"等，都表现出了该产品或品牌的精神诉求和客户产品价值认同，也使得认可该精神诉求的用户更容易购买该产品。

可能很多企业也想强调这种价值主张，想靠着这种产品价值主张带来销售额的提升或者吸引用户，但这需要依靠过硬的产品功能价值和精神价值的塑造作为铺垫。比如，你的餐厅想要作为高端人群的社交场所，但是产品、环境装饰、服务、食材品质达不到要求，只有随便喊出的一个高大上的概念，而没有得到客户的认可和信任，这并不会吸引对应的用户群体或者提高用户的留存率。

用户的需求在不断升级，以后会越来越偏向这种具有精神价值的产品。比如，餐厅不只是让客人吃饱、吃好，还要社交，即满足用户自我实现的精神诉求。如果产品具备这样的条件，应该从用户的心理需求出发去选择产品价值的主张方向。产品不只是简单地对用户有什么实用价值，还要考虑这个产品是否满足了用户的健康、安全，甚至精神层面等的需求，实现产品差异化运营，让它更符合用户的需求。

产品价值理论告诉我们，产品和服务能提供给消费者的价值除了实用价值之外，还能提供减少烦恼和忧愁、增加安全感、让内心平静、提升健康等功能价值，甚至能够提供提升身份和社会地位及促使情感和心理积极向上等精神价值。从产品的表象看到消费者的倾向，这才是生产产品的企业真正需要去聚焦的。

2.2　产品价值实现模型

上一节把产品价值塑造分为实用价值、性能价值、功能价值、精神价值。产品创造出来后，还必须通过营销环节实现市场的销售，所以除了产品价值塑造外，还得有产品价值实现环节的价值创造。

基于新商业逻辑对产品营销环节进行思考，本节构建了产品价值实现模型。产品在营销环节的价值塑造分为认知价值、传播价值、体验价值、信誉价值，如图 2-2 所示。

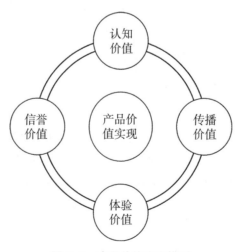

图 2-2　产品价值实现模型

2.2.1　认知价值

认知价值是指容易被消费者了解、记忆、信任和认可的那部分价值，包括产品品类定位、产品定位等赋予产品灵魂的内容，以及让用户产生好感的产品名字。例如，一个朗朗上口的产品名称，容易引起用户的好感和购买欲望。

从认知价值的内容中可以看出，要想打造出伟大的产品需要从产品品类定位和产品定位开始，这也是本书极力研究这两种定位的原因。

2.2.2　传播价值

传播价值是指产品能够通过新媒体、传统媒体等向消费者传播产品价值。无论是产品的性能价值、功能价值还是精神价值，都有利于产品传播。如果产品功能价值特别好，当消费者身边有朋友需要同类型产品时，就会介绍给朋友。小米手机就是通过口碑传播实现了成功的宣传。

实现传播价值需要产品的体验场景特别好。例如，小牛电动车的线下体验店很有特点，有别于其他的电动车门店，用户愿意拍照后分享到朋友圈；在饿了么 App 上用户可以分享领红包，植入了抽奖、好玩、获利等元素，吸引用户参与。这都是线下的产品传播。

如何通过产品本身来传播，也是新营销阶段每个企业都需要考虑的点。

2.2.3　体验价值

好的产品都是拥有极致用户体验的产品！

任何产品都是用来满足用户需求的。能否满足用户需求，能否让用户用得非常舒心，是考量产品好坏的重要标准。极致用户体验对于有价值的产品来说是一个催化剂，能起到极大的推动作用。好产品不会给用户设置障碍，不会让用户不懂、不会用，也不会为了利益而损害用户体验。

体验价值是消费者直接能感受到的产品价值。如果连体验都没做好，那么如何让消费者信赖你的品牌呢？

一个真正的好产品，每个人都能感受到它的体验差别，这种体验差别是与竞争对手区别开来的，也是产品真正的魅力所在。

用户体验也是新商业逻辑的重要部分。本书第 10 章专门讨论如何利用用户体验设计打造伟大产品，提升产品力。

2.2.4　信誉价值

信誉价值主要来自生产厂家和经营者的信誉积累。一个公司保质保量、价格合理、服务周到才会产生信誉价值。信誉好、知名度高的品牌或产品对顾客来说通常具有更高的价值。

先举一个例子说明。某人民服装厂是一个与上海衬衫厂合作经营的企业，年产衬衫几十万件。这些衬衫如果用一般商标在市场上销售，每件售价约40 元；如果用上海衬衫厂的"上海"商标，每件售价则高达 120 元，这就是商标信誉价值的体现。企业为了争夺市场，就要不断提高自己的产品质量，更新花色品种，不惜投入巨额资金进行广告宣传，开展优质服务。这一切努力，都集中体现在商标、产品品牌上，久而久之，企业的商标和品牌就赢得了广大消费者的信任和喜爱。

总而言之，做营销策划更多的不是营销产品本身，而是塑造产品的价值。

2.3　极致产品地图

什么样的产品才是一个极致的产品呢？

人们看到一款产品时有眼前一亮、"一见钟情"的感觉，甚至念念不忘，内心早已向往，产生立即购买并拥有的冲动，这才是丰富人的精神、激发人的活力的极致产品。

2.3.1　产品核心要素

产品基于市场需求特点，定位设计产品愿景与名称、产品定位、产品精神、产品基因、产品代系，并匹配化、一体化地创新开发产品功能、产品外形、产品价格等，使所开发出的产品具有灵魂、消费者价值认同。因此，基于对产品本原的理解，产品的核心因素包括产品愿景与名称、产品定位、产品精神与基因，如图 2-3 所示。

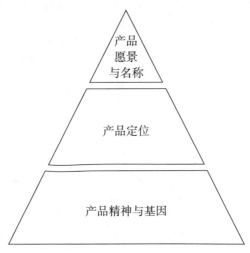

图 2-3　产品的核心因素

（1）产品愿景与名称：像企业愿景一样，产品也应该有自己的愿景，以统一团队目标。首先要有个好名字，如宝马、凌志。

（2）产品定位：不同产品定位的侧重点不同，应该找出核心的定位，包括产品的市场定位、品类定位、功能定位、角色定位、情感定位等。产品定位应与品牌定位相一致，持续优化，进行宣传，固定老客户，直至成功。除了不断满足客户的功能需求外，还要越来越重视客户的情感需要和精神需求，明确产品不同方面的定位，为产品开发、营销指明方向。

（3）产品精神：产品的精神气质赋予产品以灵魂，"躯体 + 灵魂 = 整体"。产品中流露出的能够被使用者认同的价值观念，是客户选择和产品设计的驱动力。

产品基因：需要不断继承、发扬的元素。产品基因定位就是确定自己具有文化传承的特点元素，加以明确与继承、创新与发扬。

2.3.2　极致产品地图

从产品设计生产到体验推广都可能导致产品失败，那整个产品最核心的环节是什么？这需要构建全产品地图。

基于新商业逻辑和产品的本原体系，结合对"如何才能打造出伟大产品"的长期思考，笔者设计了全产品地图，即伟大产品的规划体系，如图2-4所示，试图找出打造伟大产品的逻辑方法论。

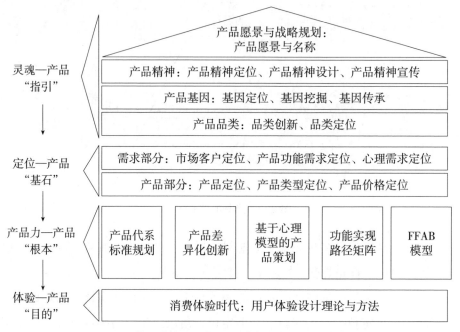

图2-4　基于新商业逻辑：打造伟大产品的逻辑方法论

全产品地图内容包括4部分：灵魂是产品的指引、定位是产品发展的基石、产品力是产品发展的根本、用户体验是产品创新的目的。

1. 灵魂是产品的指引

有灵魂的产品才有生命力。灵魂是产品的指引，其内容包括产品愿景、产品精神、产品基因、产品品类。

本部分试图阐述产品是个生命体，找到"产品的灵魂到底是什么"的答案。通过对产品愿景、产品精神设计、产品基因传承和产品所属品类4个方面"情感化设计"和针对性宣传，用户在产品体验和使用的过程中，得到好的体验，加深记忆感知，形成共鸣，才能产生认同感，才会认为这样的产品有"灵魂"。

（1）产品愿景通常被称为产品愿景宣言或使命宣言，是一个简洁的、高层次的、有抱负的陈述。产品愿景要回答"为什么要创造这个产品"这一根本问题，用来使团队目标一致，对价值主张达成共识。产品战略则是指在实现愿景的道路上计划输出的产品次序和实现产品愿景的途径。

（2）产品精神是产品灵魂的主要体现，是产品呈现给用户的精神特征，是产品与用户产生共享的纽带，更是产品宣传的内涵和依据。

（3）产品基因是产品精神和产品文化传承的纽带和载体，是产品文化的重要内容，是提升用户忠诚度的抓手之一。产品基因也是产品传承和创新发展的因素，特别是外观元素取舍的依据。

（4）产品品类是用户购买产品的思维决策路径中的一个重要环节，所以产品品类定位有助于用户对该产品快速留下深刻的印象，也是提升用户忠诚度的一个抓手。

2. 定位是产品发展的基石

在产品开发之前，为什么要先进行定位呢？

一方面，客户需求存在异质性。客户的需求因客户个人偏好、性格、思维方式等方面的不同而不同，进行客户细分可以更好地实现个性化服务。另一方面，任何一个企业都不能单凭自己的人力、财力及物力来满足整个市场的所有需求。因此，企业在开发某种产品之前，需要对客户进行有效细分，根据自己的优势资源确定选择满足哪个细分市场，根据其特色需求，集中企业资源，开发有针对性和竞争性的产品，才能取得理想的效果。

因此，本书所说的"定位"，不只是营销学范畴中占领用户心智的定位，其范围和内容包括两部分。

第一部分是需求定位，包含市场细分、目标客户群定位、功能需求定位和心理需求定位等内容。这些是产品设计和发展的基础研究内容，也是产品定位、产品创新设计和开发的基石。

第二部分指产品方面的定位，包含产品定位、产品类型定位、产品价格定位。产品方面的定位和实施必须基于市场需求方面的定位才能得以树立，并且会一直受到市场定位的影响。产品方面的定位是指导产品创新、产品规划和产品发展的"锚"，是产品概念设计、产品开发和营销宣传等一切产品活动的指南针。

3. 产品力是产品发展的根本

企业之间的竞争，本质是产品的竞争。只有开发出能够得到消费者认同的好产品，提供给消费者更好的产品体验，切实解决消费者的实际问题，才能够得到消费者的认可。所以，致力于打造伟大的产品，才是企业发展的正确方向。

4. 用户体验是产品创新的目的

产品为用户解决问题的效果如何？用户对解决方案的满意度如何？

用户体验设计研究应该作为产品开发过程的核心之一。如何挖掘用户体验中有价值的用户见解，以便把它用在产品开发过程中呢？后文会进行具体阐释。

第3章
产品愿景

产品愿景看上去是很虚的事情，但它比产品目标更重要。产品目标好定，但是愿景难有，一个好的愿景往往需要产品经理或创始人有很大的格局。做产品就像养孩子，产品做得好不好与赋予产品的期望相关，这个期望决定了产品的定位和目标。

产品愿景提供清晰的方向和范围来指导产品的设计与开发工作，是产品的核心竞争力，是产品特色，是在特定场景下为特定的人群提供的独一无二的特定服务。

产品愿景，是指引产品的灯塔!

3.1 产品愿景内涵及意义

愿景是大纲、蓝图，显示个人和团队朝着最终目标前进的道路，应在任何工作开始之前建立。产品愿景告诉团队中的每个人目的地及最终将提供的有价值的产品或增强功能。要以产品愿景作为指引的方向和最终的衡量标准。希望所有的产品经理都能找到自己的产品愿景，实现产品价值。

确立愿景时，需要注意在满足用户需求，特别是心理需求上，不能替换成自己产品的业务目标。另外，需要注意的是愿景并不是一成不变的，需要随着企业战略、市场变化及产品定位的改变而改变，但是在改变前需要团队内部充分沟通，并且达成共识后才能生效。

产品愿景描述的是我们正努力打造的世界，必须是鼓舞人心的，如果做得好，强大的技术团队人员会被其所吸引。拥有的团队越多，越需要一个统一的愿景和战略，以便每个团队都能作出好的选择。

3.1.1 公司愿景和产品愿景

通常有人会把产品愿景和公司愿景搞混，例如将阿里巴巴公司的愿景与其产品淘宝的愿景混淆。

实际上，阿里巴巴的愿景要远大于淘宝，如图3-1所示。

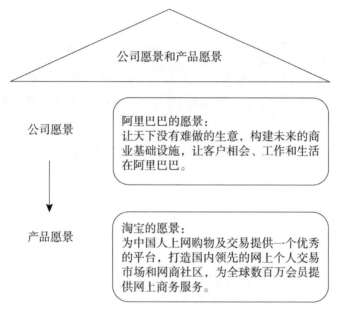

图 3-1　公司愿景与产品愿景的关系

3.1.2 产品愿景功能

为什么需要产品愿景？

产品愿景可以帮助利益相关人员思考所需要的产品是什么，解决了哪些核心问题，服务于哪些客户、市场。产品愿景就是产品的灯塔，让创业者在创业航行中始终按照正确的航线行进，不会走偏走错。一个好的产品愿景从战略出发，简洁明了，既能让大家有一个统一的目标，又能充分发挥团队创意。

对于产品本身来说，产品愿景就是产品的一团火，这团火不灭，产品就会一直燃烧下去。

1. 产品愿景是产品持续成功的重要因素

比产品目标更重要的是产品愿景。产品目标可能只是一些数字，如开发多少用户、赚取多少利润，每个项目都可以提出类似的目标，而产品愿景是区别于不同产品的一个重要标志。功能差不多的竞品，可能商业模式也差不多，但是其背后的产品愿景是不同的。

如果一个产品没有一个明确的值得追求的愿景，那么产品目标可能需要不断修订，不同的产品负责人可能会对同一个产品制定不同的目标，也可能对一个产品做着做着就忘记了初心。产品愿景可以保证产品在遇到负责人更换、竞品竞争、政策变化等各种现实挫折后，还能回到最初的那个状态。有了产品愿景，产品的更新换代就有了主心骨，产品更新发展也有了方向和依据。

产品愿景的不同在很大程度上决定了产品的不同，决定了产品价值的不同，决定了产品能否成功。好产品的愿景和普通产品的愿景内涵差距是极大的。

对产品很容易设定一个目标，但是很难有一个好的愿景，因为追逐表面的东西很容易，产品愿景看重的却是未来，这种趋势预判和赶上趋势的魄力是很难的。

2. 产品愿景是发展方向

产品愿景一方面有助于产品始终围绕着核心价值观而不偏离轨道，另一方面也是激励团队或其他部门的重要力量。

3. 产品愿景有助于明确产品能解决的用户问题

在开发产品之前，应该基于真实的用户诉求与渴望定义一个非常清晰的产品愿景。

好的问题可以指向人们日常生活中的真实诉求，并能指出现有解决方案中的缺陷。你必须验证这个问题的真实性，现有的用户行为、解决方案、相关研究数据都能帮你明确这是不是一个真正的问题，以及是一个表层问题（比如"我需要通过手机订外卖"）还是本质问题（比如"我需要在这里吃饭"）。

为什么你的产品存在？如果你的产品成功了，世界将会变成什么样？产品愿景是一盏指路明灯，始终代表着预定的方向。只有当我们拥有产品愿景，才能真正创造出有用、有特色、独一无二的产品提供给我们的用户。例如，京东和淘宝都是电商，它们的发展方向却不尽相同，京东的特点是快速、准时送达，淘宝的特点是双边市场平台、产品种类齐全。

一个成功的公司，一定有着清晰的愿景，这个愿景就是整个公司的奋斗目标。例如，阿里巴巴的愿景是"让客户相会、工作和生活在阿里巴巴"；腾讯的愿景是"用户为本，科技向善"。对于一个成功的产品来说，也应该有自己清晰的愿景。

4. 产品愿景有助于协调一致行动

产品愿景能够明确商业目的，既可以帮助团队统一思想，同时也有助于确认问题范围，帮助产品团队明确产品愿景。如果团队不能完全理解产品愿景，那么团队也不可能有统一的产品化思维。

愿景是否强大，在于产品团队人员的心是否被强烈牵引。在走了很多弯路或产品研发失败无数次后，那个产品愿景仍可能在灰暗的现实中作为一个火种燃烧得越来越旺。好的产品愿景是值得团队人员用自己的青春和生命去燃烧的。

有缺陷的愿景会导致大量时间和资金投入的浪费、竞争力的下降，甚至最后产品的消失；而好的愿景在项目开始时就能消除可预见的问题，这样可以降低风险，使团队对目标也有一个清晰、统一的认识，执行起来更加顺畅。

好的产品愿景应该满足以下几点。

（1）更好地满足客户真正的需要，并且客户愿意为此付费。

（2）提供清晰的方向来指导产品创造和营销活动。

（3）其他公司比较难复制。

（4）满足长期持续发展。

（5）有助于产品的销售。

3.2 产品愿景设置方法

产品愿景是产品的核心竞争力，是产品的特色，是与竞争对手产品的不同之处，是在特定场景下为特定的人群提供的独一无二的特定价值或服务，是企业产品的发展方向。产品愿景不是既定不变的，也会随着时间的推移作出调整。那么，产品愿景设置的流程步骤是什么呢？

3.2.1 梳理产品相关不同角色的期望

产品愿景落地的第一步是用户的期望，产品愿景是对用户各种期望的总结和升华。

1. 期望

如果说，愿景是虚无缥缈的，那么期望就是一个比较实在的东西了，例如某教育产品的愿景是让教育更平等。这个产品的愿景基于城市和农村教育资源相差太大的社会问题，想做一款让偏远农村的孩子能够享受到和城里孩子一样教育的产品。

该公司创始人对该产品的期望是，任何老师都可以把他的课程分享出去，不仅仅是课程，还可以是有价值的科普文、学习方法等，总之让那些农村的孩子也能像城市的孩子一样广泛接触了解外面的世界，而不仅仅局限于课堂知识……

一个典型的农村学生对该产品的期望是，上课的时候没有听懂的能在课后找到对应知识点的课程自主学习，老师没讲到的能根据自己的兴趣或爱好通过其他渠道去查找学习。

2. 整理期望进行角色分析

知道了用户、创始人等相关人员对产品的期望后，需要将他们对产品的期望整理出来形成文档，即角色文档。角色文档应该尽可能详细、完整，着力回答"为谁解决什么问题"。以上述某教育产品为例进行分析。如表 3-1 所示。

表 3-1　不同角色的期望

涉众名称	说明	期望
创始人	发起者	（1）建立一个青少年学习交流平台，帮助学生获取到优质平价的学习资源、大量课外知识，拓宽眼界 （2）老师在平台上分享课程，并能获得合理报酬 （3）公司盈利
学生	用户	（1）能够找到优势课程学习 （2）能对自己的学习情况进行记录和总结 （3）可获得拓宽眼界的课外知识，如物理科普等 （4）能得到有效的答疑

涉众名称	说明	期望
教师	用户	（1）能上传课程，与学生进行互动交流 （2）课程能带来可观收入，实现价值

如果 A 是角色，那么就该围绕 A 的期望确定产品愿景；如果某项功能只是针对 B 的，就该被淘汰，面面俱到的产品往往一无是处。

产品团队常常把自己的需求当成用户的需求，使用角色分析可以避免这种错误。用户是产品使用者，角色的概念比用户更广，不仅仅是使用者，如投资人并不使用产品但却是重要角色。

3.2.2　按照产品愿景确立结构

产品愿景应该是清晰的，对于产品如何为相关角色带来价值的描述。首先需要明确如下几个问题。

（1）目标客户和目标客户的痛点：目标客户是谁？痛点是否准确？

（2）通过什么功能带来什么价值，以及与目标客户的痛点关系：功能价值能解决痛点吗？功能价值能满足客户期望吗？

（3）产品独特价值，以及竞品和目标客户的痛点：独特价值能很好地解决痛点吗？独特价值能否使产品在竞争中脱颖而出？

（4）产品名称：名称是否足够响亮？

（5）产品类型：类型定位是否准确？是否能够最大限度发挥产品的价值并解决客户的痛点？

对上述问题进行思考后，可以把答案写出来，然后试着填好下面的模板，这样你就可以得到一个关于产品愿景的初步方案。

对于：（目标客户）

目前存在的问题与期望：（问题和需求描述）

我们提供：（产品名称）

这是一个：（产品品类名）

它能够：（满足需求和解决问题的方式描述）

不同于以往的：（产品品类名）

比如：（竞品名称）

我们产品的优势：（核心卖点及差异化特性）

例如 3D 打印机 MakerBot 的产品愿景。

对于：众创空间的智能硬件创客们

目前存在的问题与期望：想要快速制造硬件零部件来验证想法

我们提供：MakerBot

这是一个：智能 3D 打印机

它能够：在短时间内将软件中的 3D 图纸打印成实物

不同于以往的：3D 打印机，比如 UnionTech

我们产品的优势：具备手机控制、智能省料、快速成型等功能

上述产品愿景案例明确了产品未来的目标，在愿景方案中，要避免笼统描述和详述技术实现细节。笼统描述无法明确产品未来的目标，详述技术实现细节可能会限制团队今后的工作。

3.2.3　产品愿景确认

1. 产品愿景自检

完成产品愿景初步方案后，首先进行自检，检查愿景是否回答了本节提到的问题。自检后要与产品相关的人确认产品愿景，然后根据其反馈进行修改，其内容如下。

（1）愿景方案清晰，切中客户痛点。

（2）说明产品如何满足客户需求。

（3）愿景描述理想状态的成果。

（4）业务目标具体且可以实现。

（5）愿景和企业目标、战略一致。

（6）愿景令人信服。

（7）最终确定愿景方案。

（8）确保产品团队中的相关人员了解和认可愿景方案。

（9）经过一年以上须重新审视愿景。

把产品愿景方案发送给产品团队中的每个人，保证团队都理解并认可产品愿景，因为一个认可产品愿景的工程师和一个不了解或不认可产品愿景的工程师的战斗力差别巨大。在整个研发过程中，团队都需要产品愿景来指引方向，有时产品愿景甚至可以作为判断一个需求要不要做的有力依据。所以，要重视产品愿景，每隔一段时间根据业务需要和市场变化对愿景方案进行审核与修改。

知识分享

为了使产品团队行为有一定意义的一致性，团队应该从一个清楚并有吸引力的产品愿景开始，通常把实现产品愿景的途径称为产品战略。产品愿景与产品战略的关系如图 3-2 所示。

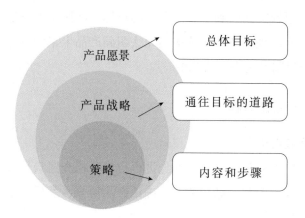

图 3-2　产品愿景与产品战略的关系

产品战略规划始于产品愿景。产品愿景是指导产品的总体目标，产品战略是实现产品愿景的选择途径。没有产品战略，就很难对产品细节作出正确的决定，如产品应具有的功能、设计和非功能特性。

创造成功的产品所需要的不仅仅是关注产品细节，还要确保拥有正确的产品愿景，并选择一种指导实现产品愿景的产品定位和产品战略，让产品策略帮助确定产品的外观和功能。

2. 产品愿景 8 项原则

（1）用产品愿景阐述目标。

（2）相比解决方案，多提问题。

（3）不要害怕长远谋划（愿景要有挑战性，非短期即可实现）。

（4）产品愿景需要让人兴奋。

（5）确认那些相关且有意义的趋势。

（6）关注事物变化的方向，而不是原来的方向。

（7）大方向坚持，细节处灵活。

（8）实现任何产品愿景都是一种信仰的飞跃。

3. 产品战略 5 项原则

（1）一次只专注于一个市场或一类目标群体。

（2）产品战略需要与业务战略保持一致。

（3）产品战略要与销售战略保持一致。

（4）多关注客户和竞争对手。

（5）组织全体成员参与沟通战略。

知识分享

　　产品愿景和产品目标有什么不同？相比较而言，产品愿景是一个长期的产品目标。例如，我们希望孩子在多年后能够考入清华大学，那么为了达到这个大目标（愿景），我们首先需要孩子考到全班第一，然后再考到全校第一乃至全市前十名。通过一个个小目标的不断累加提升，最终实现我们定下的长期的大目标（产品愿景）。

　　在完成每个小目标的过程中，我们不能忘记大目标（产品愿景），不然很容易偏离最终的目标。例如，我们从希望孩子考上清华大学，变成了考到全班第一，这样可能会出现一个问题，即孩子所处的班级成绩很差，就算考到全班第一也只能上一个普通的院校。如果忘记了最初的愿景，只关注眼前的目标，到最后可能会导致一个舍本逐末的结果。由此，我们可以知道，产品目标是为产品愿景服务的。产品目标是创业者或产品经理迈向产品愿景的基石，在搭建基石时，我们一定要确定好方向，不要让自己在攀爬的过程中迷失方向。

产品愿景代表着产品对未来的一种期许，是产品的终极形态，代表着产品的一种使命、一种文化。产品愿景是创建产品的根本原因，它描述了企业的总体目标。产品愿景还是产品策略的基础，是实现整体目标的途径。产品目标为产品愿景服务，如图 3-3 所示。

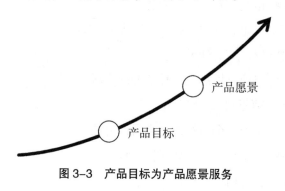

图 3-3　产品目标为产品愿景服务

3.3　产品要取个好名字

一个伟大的产品往往从一个好的名字开始！

产品名字是产品连接市场的渠道，是产品的第一符号，是传播产品精神的第一载体。产品名字先于产品，先于企业，给予客户最优先的体验。一个产品的名字是不是有力量，要看它在用户心里能召唤出一种什么样的情感。

一个产品一旦起好名字就很难再轻易改动，而名字又恰恰是品牌在发现阶段给人留下深刻印象的第一步。

为什么说一个好的名字很重要？因为有研究指出，普通名字与有特色的名字之间相差 17 倍的记忆量。事实上，一个好名字就是有辨识度。

3.3.1　命名流程

1. 行业洞察

这是整个命名工作的出发点。通过对所属行业的深入分析，我们为命名作出精准定位，根据产品精神，提炼出与行业相关的关键词。

2. 目标受众分析

根据产品定位锁定目标客户群，根据目标客户群最重点关注的产品精神为命名风格奠定基调，如快乐、健康、时尚、安全等。

3. 竞争对手分析

分析行业标杆及竞争对手的命名方法及风格，寻找差异化的命名风格，形成区隔。

4. 品牌定位

根据企业自身的战略构想、核心技术、竞争优势以及产品差异化等诸多因素进行定位，并以此作为命名策略的重要参考依据。

5. 产品诉求分析

根据产品的定位、属性、功能、构成成分、工艺、产地、历史、文化等，充分挖掘其背后的文化价值和附加价值。

6. 传播策略

命名工作始终服务于品牌传播，高效的传播力可以帮助一个品牌建立和提升消费者忠诚度，为品牌未来的发展奠定坚实的基础。

7. 创意发散

根据前期针对市场、受众以及竞品所做的调研结果，搜集创意元素，通过多种命名策略进行创意延展。这一阶段将会有大量的名称产生，找出相应名称的广告语，或者先找出响亮的产品广告语，从广告语中寻找相关的产品名称。

8. 筛选排除

以客户诉求、大众传播理论、广告学、社会学、接受心理学以及各大方言区域语音、文化习俗为依据，对备选方案进行逐一测评、排除、遴选。

9. 商标查询与法务审核

根据商标及工商法规，通过相关行业或地区法务查询审核，确保注册无风险。

10. 提案

在规定的时间内提交命名方案，根据相关人反馈的意见及时调整方向，修改或提供新的方案。

3.3.2 命名技巧

产品命名的技巧是先确定产品广告语，然后从广告语中提炼出产品名。

1. 产品名与广告语同步关联

一般情况下，产品按照"行业/产业—需求—产品—广告语"的路径进行命名。

产品名与广告语高度相关，这对于客户来说，记忆成本就更低了。例如，某感冒药的广告语是"白天吃白片，不瞌睡；晚上吃黑片，睡得香"，然后取名为"白加黑"。

大家可以发现，产品名本身就是购买理由，只要看到产品名，也就大概知道该产品是用于什么的了。

2. "产品效果"命名法

"产品效果"命名法是指从客户使用该产品最希望实现的效果的角度，思考产品名称的方法。其目标是从产品效果的视角找到一个高级且熟悉的词语进行命名。例如快递追求速度快，命名为"闪送"；媒体追求最新消息，命名为"今日头条"。

3. "直观形象"命名法

"直观形象"命名法命名的技巧是罗列出对产品最直观的感受，然后筛选出最合适的一个作为产品名。例如，"小罐茶"就是从外部形象的差异化视角命名。

4. "原材料"命名法

"原材料"命名法命名的技巧是找出产品的主要原材料，然后从原材料的角度出发确定产品名称，最好此原材料的功能能突出产品的功效。例如"六个核桃"，表示是以核桃为原材料的饮料；"五粮液"，表示是由5种杂粮发酵而成的。

5. "潜意识"命名法

"潜意识"命名法命名的技巧是找到一直在和产品交互场景中高频出现的词语，将这个词语作为产品名称。例如，有一个纯净水品牌叫"多喝水"。

好名字不是救命稻草，但坏名字可能是压死骆驼的最后一根稻草。

3.3.3 命名原则

好的产品名有助于产品成功，更有助于企业和品牌的成功。国内很多公司往往忽略了这一点，或重视得不够充分，也有一些外国公司，音译的产品名字没能照顾到国内的消费者，得不到客户认可。产品命名应该遵循以下原则。

1. 符合产品精神，突出产品定位

突出产品定位，简单来讲，就是一说出来产品名称，就知道该产品核心功能是什么，比如支付宝是专门用于支付的 App，抖音短视频是可以看短视频的 App。类似这样的名称，从字面意思理解就知道它们可以用来干什么，帮助人们解决什么问题。

2. 简单好记

如何想出一个好的产品名字呢？有很多选择，比如团队头脑风暴产生的词、脑海中第一个蹦出来的词、跟行业或产品密切相关的特性词、一个符合产品初心的气质词等。当备选名字较多，要评估应该启用哪一个产品名字时，可从好念、好记、独特 3 个维度衡量。

（1）好念。

要考虑是否朗朗上口，各地人士是否都能准确念出来。因为好念程度影响口头传播的广度。

（2）好记。

在好念的情况下，要容易被人记住。不能过于生僻，且要跟业务有一定的联想空间，最好有画面感。比如"滴滴打车"中的"滴滴"是模拟汽车提示音，从字面上就可以看出产品提供的服务，具有很强的识别性；"淘宝"中的"淘"有着筛选的含义，作为购物平台网站，能够从海量的产品中筛选宝贝。

（3）独特。

产品名字放在一堆产品里，有没有比较高的辨识度？"小红书"和"豆瓣"就是比较独特的名字。独特是指对于消费者既要有吸引力，又要有创意，还要有内涵等。一定程度上，夺眼球的产品名才是成功的产品名。

给产品命名，千万不要那么随意，毕竟它代表了产品以后的整体形象，一个好的产品名字，会对产品的销量大有裨益。

针对不同的消费群体，为产品命名时要充分考察其文化背景、宗教信仰和民族习俗。比如高端汽车品牌宝马、奔驰等，其中文译名就充分考虑了中国人的文化背景，将中国古典文化和中国人追求吉祥的信仰巧妙地融合，不可不谓之绝妙。

另外，产品的名字要符合美学思想，要新颖、有特色、有品位。

案例分享

　　BMW 汽车在最初进入我国时有个很奇怪的名字——巴依尔。"巴依尔"在中文里念起来有点拗口，而且听上去有点土，所以进入中国市场后并没有被消费者所接受。最初"巴依尔"这个品牌的知名度很低，直到被改名为"宝马"。此名字可谓神来之笔，既突出了宝马车系高贵豪华的风格气质，又与中国的传统文化完美契合。发展到今天，宝马作为高档汽车代表，深受无数车迷的喜爱，一直稳居高档汽车品牌销量的前列。

第 4 章
产品精神

顾客购买产品会根据性价比来选择产品。产品外观、品质就是产品价值。随着市场竞争的激烈化和产品的同质化，当产品的功能、品质、服务、价格都相当的时候，如何让产品更有竞争力呢？

这时，产品精神起到关键作用。产品内涵越独特、丰富，就越有竞争力，哪怕价格更昂贵，消费者也会觉得划算。例如法拉利的神速、劳斯莱斯的高贵、凯迪拉克的豪华、沃尔沃的安全，这些不同的汽车产品所传递给人的感受，以及在这种感受之下所承载的内涵，都各不相同，这种不同是各家汽车产品精神的差异。因此，顾客购买产品就有了新的性价比模式，即"性价比 =（外观 + 品质 + 产品精神）/ 价格"。

4.1 产品精神内涵

产品打广告或做宣传的目的是什么？告诉目标客户产品精神。

有一些广告没有把握行业的本质，只是用标新立异的口号、奇形怪状的动作吸引消费者的眼球，误以为这是广告行业的本质。要做好广告，就必须先理解产品的本质，才能够配合相同的广告。比如大多数人争相买华为手机，买的是什么？除了买产品的功能外，还买的是产品精神。

产品精神就是一个产品所要彰显的特殊精神，是产品的灵魂。

产品精神与内涵引领产品营销。正如买宝马不只是买车，还买的是自我满足。现在的产品不只是产品本身，还有精神和内涵诉求，这是要靠不断地积累才能最终形成的，同时这本身就是一种最有价值的产品。想要在现今如此激烈的市场竞争中脱颖而出，就必须能够找到精准的市场细分，给细分的产品注入一种精神、一种使命、一种内涵或信仰。

产品精神是什么？

其一，产品精神是通过产品传递给用户的理念、文化与价值等内涵，这些内涵铸就了产品无形而独特的品质与品格。

其二，产品精神是指相关人员（主要是产品策划设计人员与产品经理）应该拥有的气质、风范与精神，比如一个人是否适合做产品工作要看其有没有产品精神。

其三，产品精神是指做产品工作应该遵循的原则、方法与规范。经久不衰的产品必然有其独特的产品精神，如路易威登的高贵、百事的活力与激情。产品精神是一个产品区别于其他同类产品的重要特征，也是产品竞争力的体现。

企业只有找准自己的产品定位，透过广告注入产品精神才能成就自己的产品。产品精神的产生、发展和传承需要通过全面的产品管理来呈现。产品精神也体现在产品生产的需求分析、产品策划、设计、实现、维护、运营等各个环节。全面的产品规划和前后一体化管理，能让公司的产品与人员的气质和风格达到趋同，这样做产品时秉持的原则才会趋同，不同产品才会透出统一的产品精神。没有全面的产品管理体系和产品基因作保障，不同研发设计人员在个人思想与理解上的差异，将会异化或削弱产品本该传递的产品精神。

随着人们需求层次的提升，产品的功能、品质等物质因素作为产品的必需要素，犹如空气般重要，但却不再被人们所察觉，而产品精神、内涵等精神因素越来越受到人们的关注，成为人们选择和使用产品的更重要的因素。

4.2　产品精神的意义

4.2.1　产品精神能打动人心

产品精神能打动人心是基于人性的基本需求。当然人们首先注重的是实际物质功能需求，但当所有的产品都能满足这种基本需求时，人们往往就会注重产品本身之外的东西，也就是精神、内涵及心理需求。在现在激烈的市场竞争中，只有找到精准的市场细分定位，且能给细分产品注入一种合适的精神、使命、内涵及信仰，才能最终获得产品的成功。

4.2.2　产品精神对产品具有引领性

产品精神与内涵决定了企业产品的设计制造、广告宣传以及销售渠道。例如，A 国和 B 国都有绣花拖鞋在 C 国市场上销售，产品的品质不相上下。A 国的产品价格定得比较低，B 国的产品价格则定得要高出很多。结果是 B 国产品比 A 国产品更畅销。有人感到不解，于是在消费者中展开了调查。发现购买绣花拖鞋的消费者，主要是富裕家庭中的主妇们。她们购买的动机：一是认为这种拖鞋穿着舒服，很实用，但这种动机不占主要地位；二是觉得它高雅，可以借此显示自己的地位和身份。也就是说，她们购买绣花拖鞋的目的，更多是为了炫耀。B 国的绣花拖鞋满足了她们的这种心理需要，因而价高反而受青睐；A 国的绣花拖鞋无法满足她们的心理需要，因而价低却受冷落。这个案例说明，除了要了解消费者的功能需求外，还必须摸透消费者的心理需求，赋予产品精神，提升产品竞争力。

4.3　产品精神内涵塑造

成功的营销离不开伟大的产品，而伟大的产品则离不开产品精神。产品精神大大提高了产品的性价比与价值含量。例如，苹果手机赋予了产品人性化、用户体验和时尚等唤醒人类情感的元素，正是这些"虚"的元素赋予了产品独特的产品精神。产品精神能帮助产品脱颖而出，牢牢地占据消费者的心。

4.3.1　产品精神的塑造方法

产品如果没有精神，不能传递一种无形的情感与价值信息，那就是货架上无特色的一种商品而已。

如何塑造产品精神呢？

首先，产品精神的形成不是一蹴而就的，其发源于公司的企业文化，汲取公司的整体战略精髓，形成于业务运作的过程中，并不是在产品实现的某一个环节上定义产品功能，增进用户体验，或者加强质量检测所能单方面赋予的，而是取决于企业业务战略和组织设置，需要有公司层面的统一导向性。同时，产品精神应体现在产品的需求分析、产品策划、产品设计、产品实现、产品维护、产品运营等各个环节，使产品精神得以被塑造、传递和传承。

其次，公司产品人员的气质和风格需要趋同，做产品时秉持的原则需要趋同，这样企业的不同产品才会透出统一的产品精神。例如，不论是手机还是平板电脑，共同体现了苹果公司科技创新和工业美学设计完美结合的产品精神。

最后，产品精神的塑造与传承，是产品经营成果的重要组成部分，需要落实到产品经理。产品经理负责制的机制，打破了"部门墙"，减少了产品精神实现过程中的真空地带与隔绝地带，实现了产品精神的一贯性和主流化。

4.3.2　产品精神化的关键因素

1. 提升相关人员素质

如果你不是一个具有尊重品质的人，就不可能在产品中设计出尊重的内涵，或者你只是将尊重当作了噱头和营销手段。如果自己没有艺术素养，那么又怎么在产品中加入美的元素？

你自己发生了转变，走向了更深的精神境界，你的思想和行为自然随之改变。因此，首先要问自己：我是一个正义、平等、简朴、具有尊重品质和社会责任感、注重家庭、乐观、积极的人吗？我是一个有艺术素养、懂得美的人吗？

一个人的提升和改变，能够带动企业、产品的提升和改变，乃至带动整个社会的幸福、和睦。这个"你"，不仅是指设计师、产品开发人员、营销人员，更是指管理层、企业家。因为如果作为决策者，你的审美观庸俗，又怎么能批准一个高雅的产品创意呢？

2. 拥有良好的企业使命

产品是企业的产品，只有拥有良好企业使命的企业才能生产出优秀的产品，同时一定要让产品精神与企业文化、企业使命以及产品本身相互很好地融合，而且产品精神也一定不能太不符合产品实际的用途，因为只有来源于生活才能高于生活。要把企业文化与使命注入产品中，在产品的营销过程中不断更新与反思企业文化并适时地调整企业管理。正如乔布斯所说，当苹果公司从立志成为最优秀的企业变成最赚钱的企业时，就注定了要走下坡路。

3. 精准市场和产品定位

只有定位好消费人群及消费水平，明确消费者的功能需求和心理需求，才能更合适地赋予产品精神与内涵。同时在广告宣传中一定要联系产品精神，不要单纯地去比较销售额或利润而使产品精神与产品宣传不能很好地融合。

4. 找合适的代言人或奋斗故事

不能只是从资金及知名度的视角考虑，而要综合考虑产品精神与代言人的奋斗故事、态度、奋斗过程、性格及精神和信仰的匹配性，这样才能正确而充分地体现自己的产品精神，并能与消费者产生共鸣，深入消费者内心。

5. 确保产品质量

要以良好的质量为后盾。如果说产品精神是产品金字塔的顶端，那么产品质量则是金字塔的基石。产品的质量也最终决定产品精神能否得到最好的发挥，同时也能给产品精神带来最好的口碑营销。一个没有质量保证的产品，收获的越多，将要为此付出的可能也就越多。

4.3.3 塑造产品精神的路径

带来感性上的东西才能真正打动用户，因为用户感受到了产品的价值、产品的美、产品的好用……产品精神是一个灯塔，指引产品开发、生产制造和营销。

塑造产品精神的路径如下。

（1）市场定位：根据客户定位，明确客户群。

（2）情感定位：进行客户群特征分析，根据幂次定律找出客户最关注产品的情感因素，或者客户最希望实现怎样的情感。

（3）特质定位：找寻产品的精神特质因子并排序，找出最重要的1~3个精神特质。

（4）象征定位：根据精神特质，寻求产品精神形象化的、已引起客户共鸣的精神赋予人或物；寻找产品故事。

（5）精神定位：推敲打磨，提炼并最终确定产品精神及其广告语。

（6）基因传承：产品的升级，包括产品基因的传承等。

通过产品故事提炼产品精神。1850年，李维·斯特劳斯怀着淘金梦，来到美国西部旧金山，为增强矿工裤子的耐磨性，用粗糙帆布做成裤子，从此牛仔裤便风靡全球。随着时代演变，李维斯牛仔裤被赋予更多的文化气质，代表野性、刚毅、叛逆与美国开拓者的精神。

要将消费者情感中的关怀、牵挂、思念、温暖、怀旧、爱等情感内涵融入产品，使消费者在购买、使用产品的过程中获得这些情感体验，从而唤起消费者内心深处的认同和共鸣，最终获得对品牌的喜爱和忠诚。

4.4　产品精神典型案例

4.4.1　哈根达斯是爱的象征

哈根达斯的产品精神塑造——营造爱的味道。"爱我，就请我吃哈根达斯。"自1996年进入中国，哈根达斯的这句经典广告语像是一种"爱情病毒"迅速在北京、上海、广州、深圳等城市蔓延开来。一时间，哈根达斯冰淇淋成了城市里年轻人喜欢的时尚食品。

哈根达斯显然是一种奢侈品。哈根达斯从不讳言自己的消费人群是处于收入金字塔尖、追求时尚的年轻族群。在投入巨资确保产品品质的同时，它的价格相比较而言也是不菲的，最便宜的一小桶也要几十元，而最贵的冰淇淋单品则要几百元甚至上千元。哈根达斯已经不仅仅是一种冰淇淋，更代表了一种时尚的生活方式和品位。

自从贴上了永恒的情感标签，哈根达斯从未为销售伤过脑筋。对于那些忠实的"粉丝"来说，吃哈根达斯和送玫瑰一样，关心的只是爱情，其店里店外散发的浓情蜜意，更加深了产品精神的形象深度。哈根达斯把自己的产品与热恋的甜蜜联系在一起，吸引恋人们频繁光顾，其宣传如产品手册、海报无一不是采用情侣温情相拥的浪漫情景，以便将"愉悦的体验"这一诉求表达得淋漓尽致。

4.4.2　凯迪拉克凯雷德攀登者的形象

1. 凯迪拉克凯雷德愿景

成为豪华 SUV 领域的标杆。

2. 凯迪拉克凯雷德市场定位

全尺寸大型 SUV。

3. 凯迪拉克凯雷德目标客户群定位

商业翘楚和创业精英。

4. 凯迪拉克凯雷德产品精神

攀登者，助力攀越生命中的下一个巅峰。

5. 凯迪拉克凯雷德设计理念

凯迪拉克凯雷德是一款全尺寸豪华 SUV，采用凯迪拉克世纪概念车 Sixteen 全新设计理念，集威武尊贵的外观、精美豪华的内饰、强劲无匹的动力和众多领先科技于一身。

6. 凯迪拉克凯雷德产品基因

凯雷德的外形非常庞大，看上去有种压倒一切的气势。

7. 凯迪拉克凯雷德产品策略

根据客户定位的需求，与产品精神、产品基因等相一致。

第 5 章
产品基因

优秀的企业都有自己的 DNA！

如何能让用户一眼就能看出这是你的产品呢？要在产品不同场景中成功地运用产品基因，将产品基因融入产品设计中，从而提升产品的识别度，提升产品的生命力。

不要盲目地跟着设计趋势走，因为只有符合自己产品定位的设计才是经典的、具有识别性的、具有说服力的，而盲目跟随趋势的产品，终将被消费者所抛弃。

5.1 产品基因的内涵

什么是产品基因？

产品基因就是产品的 DNA，它包括产品的核心功效、价值、个性化形象。

当看到奔驰的格子前脸设计、奥迪的前大脸设计、宝马的双框前脸设计，不用再去看商标或名称核实，我们会毫不犹豫地说出汽车品牌名称，这就是产品基因的力量。

多年来，这些品牌把产品基因适当创新并延续到新款产品中，增强品牌感知，强化自己的定位，比如保时捷"青蛙眼"前车灯、宝马"天使眼"圆形车灯的设计。这种有差异化的外观设计，被严格地应用到所有保时捷、宝马的汽车产品中，就算你遮住车上的 Logo，也能一眼判断出它的品牌。如图 5-1、图 5-2 所示。

图 5-1　保时捷汽车

图5-2　宝马汽车

5.2　产品基因的价值

不同产品的基因不一样。例如，可口可乐的瓶子是独特的，与众不同的形状、颜色等，放在货架上尤为醒目，往往成为顾客目光的聚集点。可口可乐公司对自己的产品造型也极为自豪，还为它申请了专利，其他企业是不能仿制的。

产品的独特性是产品活的灵魂，是战胜竞争对手最有力的武器。在我国，近年来也涌现出了许多独具特色的产品。如湖南的"酒鬼"酒，将酒瓶设计成为类似门神钟馗腰间所挂的酒盅，用石头制成，由于命名和包装设计独特，尽管它在市场上的售价与白酒名品"茅台"不相上下，但仍备受人们的青睐。

设计师常会陷入这样的困境：必须一直寻找设计解决方案，必须改进产品，使它比竞争对手的产品更快、更好看、性能更佳和总体上更优秀。其实，很大程度上产品好坏与设计或建造的东西关系不大，与它是否是有史以来最棒的创造也关系不大，而与人们如何看待它关系较大。施加于产品上的理念、用户的感知方式，是产品成功的关键组成部分之一。

当重新设计一个产品或设计一个新的产品时，我们也必须考虑清楚，哪些因素会影响终端用户看待我们的产品的方式。人们只是按照自己想要的方式思考事情，而不是客观地按照事物本身的规律和应有的样子来思考。人们真正消费的是观念和感知方式，而不是解决方案。

作为一个产品的创造者和运营者，你需要做的是营造出一种更为独特的产品话题性，更独特的产品感受，更不一样的认知，区别于竞争对手或者同类产品的产品认知。

外形定位主要是指产品的基因，传承基因才能做成长久的产品。以汽车行业为例。美国的哪款车是经典到让你觉得可以追随它的？没有。美国某些品牌的汽车也很豪华，品牌很响亮，卖得很好，但它们没有宝马、奔驰的工艺，不是经典。在产品设计越来越同质化的今天，做出具有独特性和差异化基因的产品，是每个设计师需要面对的挑战。

日常工作中你有没有觉得自己做的设计很难跟竞品产生差异，只盲目追逐趋势、流行色等，缺少自己独立的思考？要让客户很明显地区分出你与竞争对手，应该先确定公司的产品定位，找出行业或产品成功的关键因素，设计产品的基因或灵魂因子，确定产品基因并使其明确化、具体化、独特化，提升产品的识别度。构建了产品强大的基因，产品的生命力和活力自然提升。

🔧 5.3　产品基因的定义方法

说了那么多别人家的产品基因如何优秀，那么如何定义自己家的产品基因呢？

5.3.1　提取个性化元素

把自己第一代产品中个性化、优秀的、有代表性的因子提取出来，进行保持、传承就形成自己的产品基因了，特别是外形，将个性化元素提取出来，形成自己产品的基因，并在此基础上进行创新、优化和传承。

5.3.2　找出产品精神象征物

找出代表产品精神的元素进行强化设计，与产品精神相一致的"代替物"有利于引起人们的联想。

例如，人体力充沛的源泉是肾脏，人的肾脏有左右两个，所以宝马汽车前脸采用"双肾"的形状代表动力强劲，引发客户的联想，如图5-3所示。

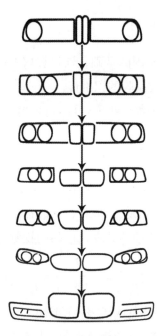

图 5-3 宝马汽车前脸造型的进化历程

再如，奔驰的产品精神是有安全感、稀有、高贵、豪华，对应的象征物是老虎，第七代奔驰汽车的前脸设计使其在中国被俗称为"虎头奔"，这为其在中国市场打下了良好的基础，如图 5-4 所示。

图 5-4 第七代奔驰汽车

5.3.3　Logo 提取法

Logo 通常是奠定产品基因的基础，通过提取 Logo 中的基因，沿用到产品的不同场景中，提升产品或品牌的识别性。

一般情况下可以从两个维度提取：Logo 的"形"和 Logo 的"色"。

图 5-5　美团外卖的袋鼠 Logo

1. Logo 的"形"

把 Logo 的形状当作视觉符号，提取出来，进行延续和拓展。例如，美团外卖的袋鼠形象，在图标的设计和下拉刷新上都进行了延续性的处理，产品的视觉感知更强，如图 5-5 所示。

2. Logo 的"色"

从 Logo 中提取比较有特色或代表性的颜色，当作产品的基因，也是常见的一种方式。例如，抖音 Logo 的颜色亮丽，比较符合年轻化的用户群体和产品定位。

通过对 Logo 的形和色的提取及运用，加深用户对产品的感知，强化产品和品牌的识别性。

5.3.4　产品故事提取法

产品故事提取法是通过对产品的定位梳理出产品故事，从而推导出产品的性格，最后提取出视觉语言、辅助图形等产品基因的方法，如图 5-6 所示。

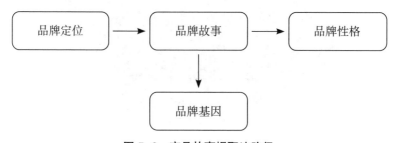

图 5-6　产品故事提取法路径

5.3.5　使用场景或产品关键词提取设计语言

用户躺在懒人沙发上悠闲地看着书，坐在窗边惬意地喝着茶，或是靠在阳台上享受午后的阳光，他们不紧不慢，追求品质，享受宁静。产品关键词是品质、生活、宁静。从产品或品牌关键词提取到的设计语言是细节化、场景化、简约化。

例如，网易严选底栏的图标，都是以家具为原型衍化而来，给人以场景感和真实且生活化的感受。

5.4　产品基因的来源

产品中哪些环节适合融入产品基因以提升产品的识别度呢？下面简单进行介绍。

5.4.1　客户第一眼的接触面

客户第一眼的接触面是最能够让用户产生产品感知的地方，如汽车前脸、网站的门户、手机的外形等，这是设计师发挥空间较大的地方。

例如，爱奇艺的"泡泡"图标，是品牌做得比较好的模块，因为它既延续了爱奇艺的主色绿色，同时针对用户群体，又做了差异化、符合定位的趣味化处理，对母品牌基因做到了很好的延续和差异化改进。

5.4.2　产品的外形或网页界面

一个产品的外形或网页界面，是给用户的第一感受。如何做出符合产品定位且具有识别性的外形设计，是很多设计师面临的挑战。产品的差异化外形作为产品基因传承，要结合产品客户定位、运用场景、产品精神等。

比如轻芒，一款碎片化高品质的阅读 App。客户定位是有趣味、有品位又小众的用户，它的产品基因就是高品质、小清新、生活化。轻芒的整个排版方式跳脱常规的设计规范，更贴近纸质杂志的感觉，而且大面积的留白及高规格的配图，也体现了它高品质的产品基因。

再如，虾米音乐新版本，是在线音乐平台版权归属调整后一个比较大的改版。这次改版也能看出来虾米音乐在找自己全新的定位，从"小而美"到"美而潮"。改版后，将全新产品定位融入页面排版中，更加大胆。同时顶部分类导航的处理，更符合音乐产品的调性，从而增强了产品的识别性。界面版式不仅沿用了品牌色，同时三角形的元素也是沿用了 Logo 的基因。

5.4.3　交互界面

交互界面是客户体验或产品应用比较关键的环节。根据典型用户的应用习惯、视角美感等内容，设计或保留一些典型的元素作为自己产品独特的个性化基因。例如宝马车的换挡手柄，从发明后，几款车型都沿用类似战斗机控制杆的换挡手柄，这一直被奉为设计的经典之作。由于其外观设计非常像鸡腿，所以被车友们戏称为"鸡腿换挡杆"。如图 5-7 所示。

图 5-7　宝马车换挡手柄

5.4.4　默认页面

默认页面也是我们常说的空页面，一般会有一些功能的引导，是消除用户焦虑感的设计。它的特点是空间比较大，因此里面的插画配图很适合对产品基因进行延续，来强化用户对产品或品牌的认识。

例如，TIM 是腾讯出品的一款用于多人协作及沟通的办公软件，整个产品的视觉基因是比较尖锐、体现效率的切角，因此在空页面上也做了视觉延续；企鹅 FM 是腾讯出品的电台产品，它的空页面插画设计提取了 Logo 和界面内图标的基因，从圆角的处理到颜色设计，虽然很简洁，但很有自己的品牌特性。

5.4.5　动效

除了静态的图形设计，动效也是品牌基因延续的关键要素。一个好的动效，不应该只追求表面的酷炫效果，而是要能够满足功能表达的需求，延续产品基因。

例如，开眼 App 的加载动效，就是对 Logo 的一种延续。再如爱彼迎的空页面引导动效，每一个元素都说明其所包含的内容，如饮食、户外运动、旅行、居住……同时在用色上也保持与主色一致，具有明确的品牌识别性。

总体来说，要学会定义产品基因，合理地将其融入产品中，从而提升产品的特性和识别性。

5.5　产品基因的关键

5.5.1　增加情感体验

深度结合自己的产品精神和产品基因进行宣传推广，营销效果才会更好，如果不进行针对性宣传，客户自己是不会明白的，也就达不到应有的效果。

宝马公司非常强调客户的情感体验，为了强化宝马的情感体验，宝马甚至通过独特的赞助活动分别突出体验。比如宝马通过赞助 F1 比赛突出"速度"这一体验，通过赞助高尔夫比赛突出"高雅、准确、经验"的品牌体验，通过赞助挑战性更强的帆船比赛突出"团队、挑战、自然力量"的体验。

5.5.2　保持一致性

宝马在产品外形、标志、关键设计，甚至展厅布置等方面都强调一致性，强调产品基因传承和增加识别性。观察宝马的营销展厅，其从颜色到设计，在中国、德国、加拿大等国家或地区都保持着强烈的一致性。宝马汽车的每次升级换代，都保持一定的一致性。宝马 3 系先后发布了 7 代，每一代都保持了延续性。对于宝马汽车的用户而言，这些视觉语言触手可及，不管是哪一代产品都可以辨别出宝马的独有特征，从"双肾"形散热器格栅、"天使眼"双圆形大灯，以及螺旋桨标志看出延续性，从腰线设计、后窗拐角的设计看出一致性，这是产品基因的传承。

观察宝马的 Logo，也可以发现这种一贯性。自 1917 年开始，宝马的 Logo 基本上没有什么特别大的变化，如图 5-8 所示。

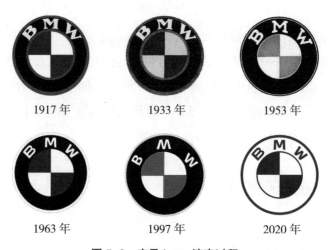

| 1917 年 | 1933 年 | 1953 年 |
| 1963 年 | 1997 年 | 2020 年 |

图 5-8　宝马 Logo 演变过程

宝马公司称："我们要尽量去改变，尽量保持一致性。"有必要改变的都会改变，有可能保留的都要保留。这体现出宝马公司创新和一致性相融合，更体现了宝马汽车基因的创新与传承。

第6章
产品品类创新与定位

顾客在购买决策中所涉及的最后一级是产品分类，由该分类再联想到品牌，并且在该分类的基础上完成相应的购买选择。产品间的竞争从根本上来说是品类的竞争。打造品类的重要性毋庸置疑，那么如何才能打造新品类？

案例分享

2005 年，土耳其人哈姆·乌鲁卡亚在美国创建了希腊酸奶品牌乔巴尼。2007 年，乔巴尼品牌推出了纯天然的、不含防腐剂的希腊酸奶。当时，希腊酸奶在酸奶整体市场中的份额不到 1%。5 年后，乔巴尼达到了巅峰时期，销售额达到了 10 亿美元，占据美国酸奶市场 36% 的份额，一度打败达能成为美国酸奶市场上的领先品牌。

有人认为乔巴尼的成功主要归功于自媒体营销，拥有大量粉丝，开展了大量的口碑传播，用自媒体营销的方式占领市场。实际上，自媒体营销仅仅是形式，如果没有具备传播价值的营销内容，再好的营销形式也无法成功。乔巴尼成功的秘诀，并不在于它选择了自媒体，而在于它根据当时消费者的需求本质，特别是心理需求，开创了希腊酸奶新品类，从而创造出自媒体上的流量。

根据当时市场需求现状的分析，美国人越来越关注饮食健康，而市面上的酸奶太甜、太稀且含有防腐剂，不能满足消费者的需求。酸奶自 20 世纪 60 年代就在美国市场上出现，但直到 1993 年在酸奶中加糖和水果才让酸奶普及，因为美国人热爱甜食。可是到了 21 世纪初，肥胖和疾病的高发让消费者逐渐转向关注健康饮食。消费者普遍关注食品的成分，想要更天然的成分、更多的蛋白质，而不想要过多的热量。酸奶由于含糖量高且含有防腐剂逐渐受到冷落，很多消费者都开始食用更天然、更健康的谷物早餐。当时大多数乳品企业的酸奶都出现了严重的滞销现象。

在这种市场背景下，乔巴尼大胆创新，提升产品品质。通过引进希腊酸奶和技术革新，开发了生产希腊酸奶的专业设备，改进了希腊酸奶的制作工艺，并使用天然原料，如用蒸发甘蔗汁的办法来提高酸奶甜度，而非使用高果糖的玉米糖浆。乔巴尼酸奶不仅具备希腊酸奶的一般属性（蛋白质含量比普通酸奶高一倍，零脂肪，碳水化合物只是普通酸奶的一半），而且使用了纯天然的原料和配料。如此一来，乔巴尼酸奶的成本接近普通酸奶的两倍，但同时，乔巴尼也为美国消费者带来了与之前那些既甜又稀还不健康的酸奶完全不一样的酸奶——高蛋白、零脂肪、纯天然的希腊酸奶，满足了美国人对健康酸奶的需求。

在乔巴尼推出之前，美国市场上就已经出现了希腊酸奶，只不过在消费者的认知中并不存在一种健康的酸奶。是乔巴尼在推出希腊酸奶的同时，把希腊酸奶定义成一种健康的酸奶，并把这种认知导入美国消费者的心智，才真正建立起希腊酸奶品类。

在推出希腊酸奶时，乔巴尼使用了全新的品牌，而在它之前的希腊酸奶都只不过是既有品牌的延伸产品，难以使消费者认识到它与以前的酸奶有什么不同。在社交媒体的传播上，乔巴尼深入人心的传播画面是将酸奶和纯天然的食品（果蔬、杂粮、面包等）摆放在一起，传递乔巴尼希腊酸奶作为健康酸奶的属性。此外，乔巴尼在渠道上也没有选取分销渠道有限的专营店，而是坚持在主流的食品商店售卖，这意味着，它并没有将自身作为小众的异域酸奶，而是作为市面上普通酸奶的直接竞争者，传递作为消费者日常酸奶的观念。

乔巴尼的品类创新，使这个品牌和创始人成为媒体争相关注的对象，并积累了大量的粉丝，从而进一步推动了品牌的成功。最终，一举打破了垄断美国酸奶市场多年的强大竞争对手，成为美国酸奶市场上的绝对领导者。

因此，重视客户的需求分析，创新改造产品品质，创造一个新品类是产品长期成功的一种好途径。单凭技术创新或单凭市场创新，很难实现真正的竞争突围，而基于产品定位与特色，将技术创新和市场创新相结合，创造出新的需求、新的品类提升企业的竞争力才是有效途径。

6.1　品类含义

品类即确定什么产品组成小组和类别，与消费者的感知有关，应基于对消费者需求驱动和购买行为的理解。一个产品类别就代表了一种消费者的需求。

品类差异是产品之间最本质的差异，品类价值是产品独有的价值属性，是一个产品在众多品类里所塑造出的独特的价值。产品竞争很大程度上是品类的竞争，因为消费者的购买流程是"需求—品类—品牌—产品—性价比对比—购买决策"。例如，消费者要购买洗发水，首先会根据自身的实际需求来确定是购买去屑类洗发水还是柔顺类洗发水，当确定某个品类之后才会选择该品类的某个品牌，在已知产品中进行体验并在进行性价比比较后才有购买行动。

6.1.1　品类溯源

品类应用在商业上，可以追溯到 20 世纪 90 年代。宝洁公司将原来的品牌经理制改成品类经理制，即从一人负责一个品牌，变为一人负责一个产品类别。

美国营销大师艾·里斯从《物种起源》中获得灵感，在《品牌的起源》中重新定义了品牌以及品牌创建的哲学和方法。该书指出，商业发展的动力是分化，分化诞生新品类，真正的品牌是某一个品类的代表。品类一旦消失，品牌也将消失。此时，品类不再是一个管理概念，而是成为心智概念。

品类就是商品的单一利益点，可以说品类战略能快速地打开一个市场，获得消费者的关注。例如，星巴克是咖啡店这一品类的代表，成为咖啡店的领导品牌；红牛是能量饮料品类的领导品牌。构建强势品类，成为品类代表，就比较容易成为领导品牌。

构建强势品类有如下几个关键点。

1. 寻找市场品类空缺

在品类创新中，开创"市场中有，心智中无"的有生命力的品类，需要耐心去寻找。例如市场上现在有儿童鞋、老年鞋、女士鞋、青年休闲鞋，但在用户心中，没有第一时间能联想到的中年鞋品类，同时中年人最关注的是休闲与保健功能，因此如果将一款鞋定义为健康休闲中年鞋，彻底与现在市场上的竞品区隔开来，将这一品类积极推向市场，容易获得市场认可。

2. 明确产品品类的层次结构

一种市场品类可能在许多情况下都不能完全饱和。比如当说到喝什么酒时，会先问白酒、红酒、啤酒或其他，待确定啤酒品类后，才会谈到喝什么品牌的啤酒，所以淡啤酒、啤酒、酒都是人们记忆存储中的层次节点，相互形成等级式层级关系，意味着低一级产品是高一级产品的一个分支。

3. 品类分化

品类创新来自品类分化。品类分化有时仅改变产品外在形态，甚至仅改变了包装，致使消费场所变了、消费方式变了，也可演变成新品类，比如啤酒不断涌现出生啤、冰啤、无醇啤酒等新品类。

6.1.2 品类层级

以目标客户群的需求为导向，结合自身产品定位与资源配置能力，将所要推向市场的产品，在研发设计前针对产品精神、功能定位、品类定位、价格定位等作合理规划。

品类规划的颗粒度非常重要，即品类是有层级关系的。我们通常会说一级、二级、三级。是否需要逐级细分，除了品类基本的层级关系外，核心是跟这个品类的市场容量和产品研发的深度有关系。如图 6-1 所示。

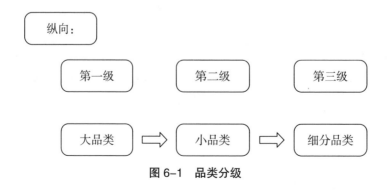

图 6-1　品类分级

如果这个品类项下有众多的款（商品聚合信息的最小单位）数，那么是需要再进行细分的，这就是我们说的品类规划的颗粒度的问题。进行品类规划的主要依据是消费者的认知和习惯，一般可从以下视角进行品类划分。

1. 功效规划——满足顾客功效需求

从购物者作决策的顺序看，顾客选择物品的第一考虑因素是其能否满足顾客的功效需求。例如，药店的药品分类，应该按主治功能进行分类管理，而不能仅从药店营销的角度进行，因为顾客进店通常想的是要买感冒药还是消化系统药，或者是儿科药，他们通常不会考虑是处方药还是非处方药等。因此，对商品结构进行合理性规划的前提就是对商品进行"主治功能"分类，只有这样才能真正了解并满足顾客的需求。

2. 价格带规划——满足顾客购买力需求

众所周知，目前绝大多数的消费人群是符合正态分布规律的，也就是说高消费人群占少数，低消费人群占多数。因此，只有对占多数的顾客群准备尽可能多的商品品种，同时满足不同顾客购买力的需求，才能实现社会效益、经济效益最大化。

3. 毛利区间规划——满足顾客认知度需求

顾客对商品的认知，大多来自媒体的宣传，越是大品牌的商品，顾客的认知度就越高，认可该商品的顾客也就越多。从营销的角度来说，由于连锁店竞争的影响，越是顾客认知度高的品牌商品，毛利率就越低，因此就出现了用品牌商品吸客、用高毛利商品赚钱的营销策略。那么，从商品的规划上，就要为顾客准备不同毛利区间的商品，以满足顾客不同认知度的需求。

6.1.3 品类区隔

根据认知结构理论得知，我们人类大脑先天具备区分和归类事物的能力，当企业推出新产品时，顾客自然也会将这新产品自动归类到某一个品类中，不管这个品类的概念对产品的影响是积极的还是消极的。譬如提到海带，对于我们来说，是一种廉价海产品，用来凉拌和煲汤，绿色条状，味涩略腥等。山东某企业生产了一种高级的深海小海带产品，尽管它的颜色、口感和营养价值等都远高于传统海带，但它的名称依然采用"海带"，消费者自然也用头脑中储存的海带信息来判断它。尽管该企业在海带前面添加了"深海"两个字，但顾客依然以传统海带的价值来衡量，它的价格如果高于大脑认知的价格线，顾客就会拒绝接受。与其让顾客自动归类，不如创造一个新概念，构建一个新类别，而这个类别只有你一家企业一个产品，从而没有可比性。企业可以根据新海带的特点，专门赋予一个新的概念名称，如"海蛟兰"，以形成独特的新产品类别，与传统的海带形成区隔，这样更容易成功。

如果新产品在入市之前能创造出品类区隔概念，那么就等于在自己的周围，立了一道坚固的防火墙。

品类区隔的价值就在于根据行业特性和顾客思维习惯，创造更便于顾客判断产品新旧好坏的一个标准，并促使顾客选择购买，尤其是当拥有区隔概念的产品与其他同类产品摆放在同一货架上时，更能吸引喜欢这类产品的顾客。区隔概念能减少企业的后期投入，并且更容易成功。

如果企业推出的新产品一开始就具备了区隔功能，就像产品身上赋予了独特的胎记，企业自然就成为这个产品行业的第一，在传播上就拥有了先天性的独特资源，传播更精准，从而大大减少传播成本。如果产品区隔概念力量强大，甚至对行业有破局的巨大威力，也许一个事件就能让产品家喻户晓。如当年的五谷道场方便面，一个"非油炸"的概念，就使其在几个月内成为行业黑马。

6.1.4 新品类意味着新指标

相对于传统的功能手机，智能手机是新品类还是旧品类？

从品类的本质价值出发，早期的功能手机，其品类的本质价值是通信，例如打电话、发短信。从这个角度上看，衡量一个功能手机产品好坏的指标是信号强度、稳定性、坚固耐用等。

而智能手机呢？智能手机的本质价值已经升级为生活娱乐了，衡量一个智能手机产品好坏的指标变成了用户使用时长。也就是说，新品类往往意味着新指标、新标准以及新应用。

6.1.5　品类符合认知结构规律

在信息爆炸的时代，我们每天都需要作出大量决定，分类尤为重要。分类工作与人的认知结构息息相关。

什么是认知结构？认知结构简单来说就是每个人头脑中的知识结构。我们认知的内容是按照一定层次归类，并相互关联在一起的。以汽车为例，我们对汽车的认知是按照类别记忆的，先把汽车分为轿车、跑车、越野车、卡车等；每一品类我们还会不断细分，例如轿车里面有豪华轿车、中档轿车、经济型轿车等，越野车有紧凑型越野车、中型越野车、大型越野车和全尺寸越野车等；再进一步细分豪华轿车，我们会联想到奔驰、宝马、玛莎拉蒂、保时捷等品牌。这就是我们的认知结构理论。

原有的认知结构是影响新认知记忆的关键因素。人们生活的过程，就是人们认知结构形成的过程。

新知识的获得是指个体运用已有的认知经验，在新知识与原有的认知结构间建立联系或进行区分，以理解新知识所描绘的事物或现象的意义。

新知识的转化是指对新知识作进一步的分析、概括，用新知识重新建构认知结构。

新知识的评价是指检查对新知识的分类是否适当，问题解决是否正确，新的认知结构是否合理。

认知结构理论告诉我们，人们的记忆是分层分类的，产品定位和产品分类应该按照人的记忆规律即认知结构来制定。

品类是由人的认知规律中的认知结构理论确定的。认知结构的形成过程就是人们心智品类形成的过程。根据认知结构理论得知，我们的认知世界是分层的、分类的，品类就是在心智中形成的"储物柜"。品类是产品的上一级，限定上一个品类层次，占据品类或者把自己的产品定位为代表一个品类，能够区隔竞争对手，提升自己产品的竞争力。

如果企业的分类和消费者的认知结构产生冲突，尊重消费者的认知结构，依据消费者的认知结构去改进，产品才能容易被消费者认可。

我们的心智空间有多大呢？认知结构有两个维度，第一个维度是横向的、无限的、分类的，也就是说品类数量是无限的；另一个维度是纵向的、有限的，也就是说品类数量是有限的，一般超过 5 个就会自动分层再分类或容易被遗忘。常记忆的类别数量取决于这个品类的关注度，如果品类的关注度高，存放的数量可能会多一点，但一般不会超过 7 个，而品类关注度低的产品，数量就会更少。

6.1.6　新知识与原有认知结构的关系

戴维·保罗·奥苏贝尔在 1963 年出版的《有意义言语学习心理学》一书中提出了同化理论。其描述了人的认识是如何通过不同的内外因素的相互作用而产生新的认识图景，体现了外因是变化的条件、内因是变化的依据的辩证思想。奥苏贝尔根据新知识与原有认知结构的关系，将学习分为下位学习、上位学习和并列组合学习。

1. 下位学习（类属学习）

下位学习是指将概括程度或包容范围较低的新概念或内容，归属到认知结构中原有概括程度或包容范围较高的适当概念或命题之下，从而获得新概念或新命题的意义。例如看到一辆迈巴赫轿车，我们会把迈巴赫放到豪华轿车的原品类之下。如图 6-2 所示。

图 6-2　下位学习图例

2. 上位学习（创造新品类）

上位学习是指新概念、新命题具有较广的包容面或较高的概括水平，新知识通过把一系列已有观念包含于其下而获得意义，新学习的内容便与认知结构中已有观念产生了一种上位关系。例如，当学过萝卜、芹菜、油菜等概念后，再学习蔬菜这个总括性的概念时，就产生了上位学习，上位学习一般会形成一个新的品类。如图 6-3 所示。

图 6-3 上位学习图例

6.2 创造新品类

6.2.1 创新创造新品类

创新是商业发展的原动力，也是新品类诞生的来源之一。美国加州大学伯克利分校哈斯商学院荣誉教授戴维·阿克将创新分为渐进性创新、实质性创新和变革性创新 3 类，如表 6-1 所示。这 3 种创新中，只有实质性创新和变革性创新才能创造出新品类。

表 6-1 创新的类型

创新	产品提升
渐进性创新	显著影响品牌偏好度
实质性创新	分化出新品类
变革性创新	改变行业格局

实质性创新和变革性创新最大的区别在于，变革性创新会影响到整个行业的竞争格局，而实质性创新则不会。例如，汽车的发明就是变革性创新，因为它取代了传统马车。

开创就是从 0 到 1 的突破。对于马车来讲，汽车就是从 0 到 1 的品类开创。分化就是从 1 到 N，如汽车出现后，又出现了货车、轿车、越野车等。因为品类开创一般都要有一个革命性的技术来支撑，从 0 到 1 的突破对中小企业来说比较困难，所以更现实的做法就是从 1 到 N 的品类分化。

品类创新来源于技术进步，例如数码相机、手提电脑、智能手机的产生等。除了推动变革性创新，实质性创新也离不开技术进步，例如常温酸奶就是通过巴氏杀菌热处理技术处理过的酸奶。除了技术进步，重新定义也是一种品类创新的来源，例如钻石本来只是一种矿石，但经重新定义后，变成了坚贞爱情的象征物。

新品类的另一个来源是消费需求的变化。随着经济和社会的发展，消费者的需求也不断发生改变。消费需求分化体现在产品功能、使用情景、价格和趋势等方面。例如，喝饮品本来只是为了解渴，但有些人喝的是普通水，有些人喝的是高端饮料。在水中添加一些物质后，从功能上分化出维生素水、能量饮料、防上火饮料等；在不同的使用情景下，则分化出早餐奶、助餐饮料、饭后饮料等；在注重健康的趋势兴起后，则分化出无糖的、低脂的、天然的饮品，如图 6-4 所示。

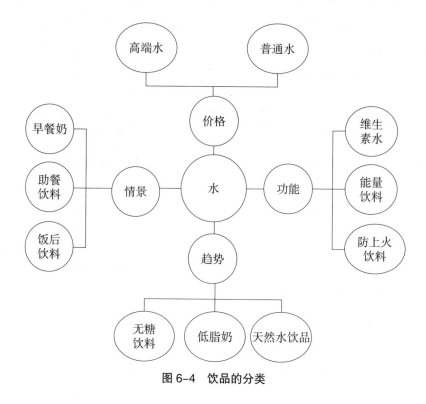

图 6-4　饮品的分类

如果你想要寻找品类分化机会，围绕价格、功能、趋势、情景思考可能会有意想不到的收获。

6.2.2 分化创造新品类

成功实施品类创新需要深入洞察品类，把握品类发展趋势，正确运用创新形式和创新方法。

新品类与原有品类存在竞争关系。品类分化、品类专业化是任何一个行业发展的必然趋势。如果一种产品就可以满足所有需求，那么只能说明该行业还处于发展初期，当行业逐渐变得成熟起来的时候，消费需求会呈现多元化，这时品类分化自然而然就会出现。

1. 品类分化战略

品类分化战略有6种基本形式：分化功能、分化人群、场景分化、改变使用方式、重构、升维。

（1）分化功能。

如果某产品现有品类覆盖了多种需求，但是它只能充分满足其中一种需求，那么充分满足另外几种需求便是执行分化品类战略的机会。比如，酒店可以分为度假酒店、商务酒店、温泉酒店、会议酒店，包括之前比较火的民宿，都是功能上的分化。

（2）分化人群。

可以从细分人群入手切分现有品类的市场份额，如推出针对儿童或孕妇健康的酸奶，这些新品类会切分现有益生菌酸奶的市场份额。

（3）场景分化。

可以从消费场景入手切分现有品类的市场份额，围绕消费者不同的体验需求、不同的场景进行分化，比如在不同使用场景中水可以分化出多个品类，如表6-2所示。

表6-2 不同使用场景水分化出不同品类

客户需求	使用场景	使用原因	最大痛点	产品需求	品类归类
我要水	在办公室长时间没喝水	补充水分	口感、健康	补水	茶水、白开水

客户需求	使用场景	使用原因	最大痛点	产品需求	品类归类
我要水	剧烈运动后	补水和补盐分	功能饮料	补充盐分	运动功能饮料
	在商务会谈中给客户水喝	商务礼仪	高端	提升形象	茶水
	在旅途中长时间没喝水	补充水分	方便买到	便宜、方便	普通矿泉水
	长途开车疲劳	补充水分并提神	提神	提神	功能饮料、咖啡
	生病感觉口干舌燥	治病	提高免疫力	治病	中药饮品

（4）改变使用方式。

可以从使用方式维度创造新品类，用新的消费方式取代旧的消费方式，从而切分现有品类的市场份额。比如，袋泡茶切割传统茶品市场份额，成品杯装奶茶切割现场制作奶茶市场份额。一种新的消费方式可以成功取代旧的消费方式的关键因素是具有便捷性、实用性。

（5）重构。

可以将原有元素进行重新组合，并且赋予新概念，比如将高蛋白和膳食纤维这两种元素重新组合，赋予体重管理概念。重构基于3个关键因素：重要性、缺口程度、新用途。因此，重构对于那些高重要性、低缺口程度的属性来讲非常重要，这些属性可以在新用途的名义下重新焕发生命力。

（6）升维。

可以从口味、原料、工艺、功能等维度切分现有品类的市场份额，比如有机牛奶瓜分普通牛奶的市场份额。

新品类与现有品类的本质基因是一致的，消费者容易识别新品类的身份，很容易将自己的需求对号入座。从创新跨度上看，大部分新品类属于成熟品类的微创新，因此分化的新品类的成功率相对比较高。

在品类的开创上，还要关注的一点是次要属性大于重要属性。比如，对矿泉水来说最重要的属性是什么？解渴。它的次要属性是矿物质多、呈弱碱性、补充维生素等。以依云矿泉水为例，它在我们的认知中是高端矿泉水，价格较高，那么它凭什么卖这么贵？因为它是来自阿尔卑斯山的水源。对于消费者来讲，解渴此时已经不重要，重要的是水的品质。所以在开创新品类的时候，一定要懂得如何在一个品类的次要属性上找机会，而不是它最重要的属性。

2. 品类创新方法

（1）技术。

如果有一个颠覆性的新技术，则非常容易开创一个新的品类，比如数码相机就是一个用新技术开创的新品类。

（2）顾客。

顾客对一些品类的消费有很多不同的习惯，完全可以利用这些习惯开创一个新的品类出来，比如绝大部分人都是早上喝牛奶，所以蒙牛抓住了这个机会，开创了早餐奶这个新品类。

（3）竞争对手。

利用与竞争对手反着走的思路，我们也可以找到很多新品类的概念，比如伊利的金典是常温的有机奶，跟它反着走，那能不能出一个低温的有机奶呢？所以有机鲜奶就是一个新品类的概念。红星乳业的林海雪原有机鲜牛奶是要全程低温保存的，就是利用跟对手反着走的方法开创的新品类。

（4）未商业化的品类。

看什么品类目前还没有被商业化，你就把它装进包装，它就是一个新品类。比如说王老吉，把广东人夏天祛火用的凉茶装进了易拉罐里，变成了一个新的品类。

（5）老品类。

原本是一个老品类，通过减少、增加、剔除的方式，可以开创出新的品类。

减少指的是产品中某些元素的含量减少到行业标准以下。

增加指的是某些元素的含量增加到行业标准之上。

剔除指的是某些被行业认定为理所当然的元素需要被剔除。

案例分享

　　澳大利亚有一个新创建的葡萄酒品牌，在短短 16 年里，一跃跻身于世界百强葡萄酒品牌前三甲，创造了全球销量领先、产品回购率 67% 的业界神话，还成功入选哈佛商学院的经典案例，这个品牌就是澳大利亚的黄尾。

　　几乎每家红酒企业都有数不清的系列和产品，构建起庞大的产品阵营，让人眼花缭乱。但黄尾特立独行，上市之初只推两款产品，一款干红，一款干白，极致聚焦。另外，在产品层面，黄尾极富创新地推出了更适合红酒新手的香甜果味红酒，剔除了红酒中的涩味。为了让年轻人感兴趣，它的广告也做得很有趣味，因为品牌名字叫"黄尾"，所以广告中把很多动物的尾巴都改为黄色。消费者评价黄尾葡萄酒有 3 个特点：好喝、易选、有趣。

6.2.3　新品类的判别

　　创新品类的核心，不是"更好"，而是"不同"。"更好"只能产生跑得更快的马车，而不会产生汽车，更不会产生火车、高铁。品类创新给世界带来一种全新的产品或者服务，而不只是对现有商品的逐渐改进和改良。

　　1. 判别新品类的方法

　　（1）基于产品本身特性判别新品类。产品特性就是指产品的本质属性。例如，互联网电视就是从本质上改变了电视的意义。传统电视是单纯的硬件载体，互联网电视却是一个人机交互终端，两者内在特性是不一样的，所以互联网电视便是一个新品类。

　　（2）新品类起源于老品类的渐变和分化。"渐变"和"分化"是品类发展的基本规律。例如，王老吉从传统药用凉茶渐变为现代化的功能饮料，分化成药用凉茶和去火饮料两种特性和定位完全不同的品类；立顿袋泡茶使泡茶从传统的工艺冲泡方式渐变为简单便捷的袋泡方式，分化成传统茶品和零售快消品两种不同品类。对于新品类来说，原有的产品就是老品类，新品类推进行业的发展进步。新品类也有可能与老品类是竞争关系，例如普通牛奶和有机牛奶。

（3）新品类必须符合消费者认知。金典有机奶则是一个非常成功的品类创新例子。面对乳品市场趋向白热化的竞争局面，伊利集团嗅到了有机食品的美好市场前景。国人对生活品质的要求越来越高，有机食品越来越受到国人青睐，"高端品质、纯天然、无污染、有机"的消费诉求在乳品市场中暂时未被满足，金典有机奶因此诞生。有机奶品类的出现迅速得到广大消费者的接受与喜爱，竞争对手的跟进也促使有机奶品类的稳固形成。

2. 新品类失败的原因

（1）企业对消费者研究不够深入与精确，对消费者需求的洞察力不足，导致新品类与消费者需求没有对上号。

（2）新品类没有继承现有品类的本质基因，脱离了消费者对品类的固有认知，做成了"四不像"品类，比如一款功能性酸奶既不像酸奶又不像保健品，在品类定位上出现了问题。

（3）全新品类的市场分析不够，如果消费者需求面太窄、市场太小，则全新品类必然做不起来。

（4）企业对新品类的市场支持不够，资源投入不足，导致新产品淹没在大量产品之中，根本无法引起消费者的关注与购买。

因此，开创全新品类必须进行科学的新品类分析，如潜在市场规模的测算、竞争程度分析等。开创全新品类不如在现有品类上进行分化，因为现有品类所面临的市场规模是比较清晰的，新品类能够切分多少市场份额也更容易测算。

6.3　品类分析定位

品类创新完成后，是否值得我们利用？这需要对品类进行系统分析才能作出决策。品类分析可分为品类吸引力分析和品类竞争力分析。

6.3.1 品类吸引力分析

品类吸引力的影响因素包括市场因素和品类因素两类。

1. 市场因素

（1）品类规模。

品类规模是指市场销售量的总和，它是品类分析的决定性因素。一般说来，规模大的品类市场拥有更大的市场潜力，也能提供更多的市场细分机会。规模大的品类市场更具有吸引力。

（2）市场增长率。

市场增长不仅会带来收益增长的预期，还会影响竞争者方面的动态市场结构。市场增长率高的品类吸引力更大。

（3）产品生命周期。

产品生命周期一般分为导入期、成长期、成熟期和衰退期4个部分。导入期和成长期是产品生命周期的最初阶段，在这个阶段销售增长非常快；成熟期意味着销售趋于稳定；衰退期则是产品生命周期趋于结束的阶段。

在导入期，品类市场增长率和市场规模都比较小，其吸引力较小，大多数企业会观望一段时间。当市场规模和销售量开始提升，市场吸引力也随之增强。在成熟期，增长率较低，市场规模可能达到顶峰。在衰退期，市场没有吸引力以致大多数竞争者会放弃这个品类。如图 6-5 所示。

产品品类发展的目标是获取利润，利润比较高的品类其吸引力也更大。另外，利润率的变化程度通常被用来作为衡量行业风险的标准。

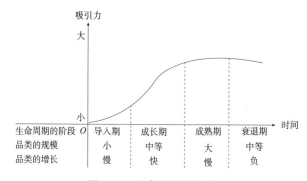

图 6-5　品类吸引力分析

2.品类因素

品类因素是衡量品类吸引力的重要指标。图 6-6 所示模型分析了在评估产业结构时所要考虑的新进入者的威胁、购买方的议价能力、供应商的议价能力、品类内部竞争者的数量和替代产品或服务的威胁 5 个因素。

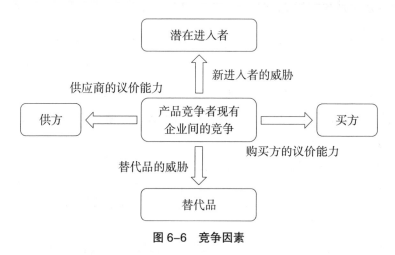

图 6-6　竞争因素

（1）新进入者的威胁。

如果进入某一产品品类的新进入者威胁较高，则该品类的吸引力就会降低。市场新进入者只会带来更多的产量，加剧市场的竞争并逐渐降低利润率。

（2）购买方的议价能力。

一般情况下，购买方议价能力越强，行业吸引力就越低，因为买方可压低价格。

（3）供应商的议价能力。

供应商的议价能力越强，越会降低产品品类的吸引力。

（4）品类内部竞争者的数量。

竞争激烈的品类的吸引力明显要比那些竞争比较平和的品类小。激烈的竞争会导致价格战、营销费用增加和其他一系列问题。品类内部竞争者的数量越多，其吸引力越小。

（5）替代产品或服务的威胁。

如果一种品类中所生产的产品或者所提供的服务存在大量的替代品，该品类的吸引力比那些专用性较强的品类，即只满足某一类顾客需求或者只解决某一类特定问题的品类的吸引力要小。因为大多数的品类都受到替代品的影响，在回报率较高的一些品类中，一般其替代品比较少。

6.3.2 品类竞争力分析

针对市场吸引力和品类竞争力两个维度构建模型，模型纵轴表示品类市场吸引力的大小，从下而上逐渐增大；模型横轴表示品类竞争力的大小，从左向右逐渐变大。模型根据市场吸引力和产品竞争地位分成 4 个区域。利用模型可以清晰明了地掌握各品类的优势和劣势，方便公司采取相应的策略。如图 6-7 所示。

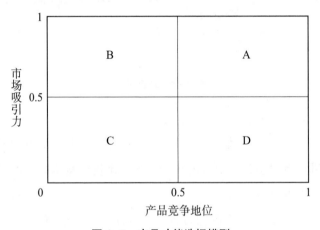

图 6-7 产品功能选择模型

最好选择区域 A 的产品品类作为公司主要提供的产品品类；对于区域 B 的产品品类，特别重要的产品价值要想方设法进行技术创新，提升产品的竞争力；对于区域 D 的产品品类，要想办法提升产品的市场吸引力；对于区域 C 的产品品类暂时放弃进入。

不同的行业、产业的产品有不同的分类属性，品类分析的标准也应该根据行业特点进行适当的调整和取舍。

6.4　品类定义与命名

有的企业可能会出现这样的状况：做了大量的创新工作，新品类已经逐渐成形，但却没有定义品类，因而创新只停留在产品层面，无法进入目标客户群的心智，从而错失了开创并主导一个新品类的机会。

品类定义有品类命名、品类识别设计和品类故事 3 个关键环节。

6.4.1　品类命名

新品类命名是企业最重要的决策，因为产品品类的名字与消费者心智接触最为紧密，一个糟糕的名字可能葬送一个新品类的前途。

1.品类命名的要点

接触到一个新品类时，消费者常常会疑惑：这是什么东西？所以，品类名首要作用就是直接、简洁地告诉消费者"我是谁"。新品类的名称必须通俗易懂。一个好的品类名称需遵循以下 4 个要点：有根、简短、直白、好感。如图 6-8 所示。

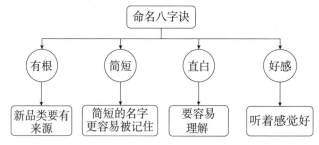

图 6-8　命名要点

（1）有根。

有根就是新品类要有来源。例如智能手机的根是手机，冰红茶的根是红茶，有机酸奶的根是酸奶。根的作用就是让顾客马上关联到这个品类是什么，更容易产生消费需求。

（2）简短。

好名字当然是越短越好，这样才容易被记忆和传播。现在人们普遍信息超载，简短的名字更容易被记住。顾客会自动简化那些过长的名字，如"超级市场"变成了"超市"，"四轮驱动越野车"变成了"四驱越野车"。

（3）直白。

要让消费者容易理解，例如空气能热水器最初命名为热泵热水器，然而这个名字对消费者来说并不容易理解。将"热泵"改为"空气能"，才解决了人们认知上的障碍，热水器从燃气、电能、太阳能再过渡到空气能，十分顺理成章，符合消费者对热水器的认知。

（4）好感。

要让消费者听着感觉好，例如"人造奶油""人造黄油"不如叫"植物奶油"和"植物黄油"，这样才不会产生不好的联想。

2. 品类命名的途径

（1）视觉角度。

视觉是我们人类的第一感知力，在品类名中增加画面感，不仅能让消费者产生深刻的记忆，还能激发他们尝试、探索的欲望。例如，"速溶咖啡"这个名字的画面感很强，顾客仅听到名字就能够联想到咖啡粉倒入开水即可快速融化成一杯香浓咖啡的样子；"山地越野车"能让消费者联想到在颠簸的山路轻松驾驶的征服感、愉悦感。此外，"开心果""纯净水"等也都是从视觉角度触动顾客的好名字。

（2）听觉角度。

营销大师爱玛·赫伊拉曾说："不要卖牛排，要卖滋滋声。"这说明要充分利用消费者的听觉感官，赋予产品与生俱来的戏剧性。例如，"干脆面"三个字，触动了人们对脆爽方便面最直观的口感体验，"干""脆"即产品基本形态的形容。

（3）嗅觉角度。

"口香糖""臭豆腐"都是充分利用了人的嗅觉的好名字。

（4）味觉角度。

"辣条"代表了刺激、畅快的味觉体验，一听这品类名就足以让孩子垂涎三尺。辣条原叫"植物蛋白调味零食"，后来被人称为更简单直观的"辣条"，既符合产品的味觉体验，又符合产品的基本形态。

（5）触觉角度。

"羽绒被"就是利用了人们的触觉。"羽绒"带给人轻、柔、滑、细腻的触觉体验，让人一听"羽绒被"这三个字就知道它有多舒服了。

（6）认知角度。

品类名要直接满足人们对品类价值的基本预判。因为人们对品类名习惯性地从经验、已知认知的反射中对比记忆，所以容易接纳与已有的分类信息相吻合的品类，而且人们更愿意听到他们想听到的，例如"大吸力油烟机"听上去就有价值感。

案例分享

奇异果盛行中国前，古人对这个毛茸茸的水果有另外一种称呼：醋栗。当你第一次听到这个名字时，估计喉咙会下意识地痉挛一下，唾液开始悄悄泌出。醋栗这种水果能够被中国大众喜爱，品类名应居首功！

新西兰人引进中国醋栗后，除了对品种进行了改良，还把品类名换成了"奇异果"。从地球东半球和南半球晃了一圈的中国醋栗，摇身一变成了高档水果市场中的强势品类。以前国人避之不及的醋栗，因为品类名的改变大放异彩。

这说明了品类名对于产品的发展影响巨大。当听到"醋栗"这两个字时，下意识的反应，难以把"醋"的酸、难以下咽与水果的香甜画上等号，"栗"的干涩和水果应有的润、入口即化也产生了强烈的反差。后来机智的中国商人也发现了这个问题，把醋栗换名为"猕猴桃"，既然是猴子爱吃的水果，应该错不了。

品类名会引起人的视觉、听觉、嗅觉、味觉、触觉和认知的条件反射，直接影响人对品类的价值预判，所以，品类命名应该从人们的体验出发，好的品类名要让人两三秒就能够记住。

6.4.2　品类识别设计

品类识别设计是通过视觉、功能与心理联动的设计策略，让产品"不言自明"所属品类，从而在复杂市场中高效触达目标用户。

如图 6-9 所示，这 3 件物品一看就知道它们都是计算机，但属于 3 种不一样的计算机，分别是笔记本计算机、一体机和台式机。既能辨别出该物品同属一个母品类，又能分辨出是不同的子品类。

图 6-9　3 种不同的计算机

这是品类识别设计的核心所在：既要与母品类相似，又不尽相同。

为什么要这样？与母品类相似比较好理解，既然是从母品类分化而来的，就应该有一部分基因源自母品类，自然与母品类相似。

一般来说，品类识别大多从产品外形、颜色和包装几个维度上着手增加分辨度。市场上的产品，像计算机、汽车等产品的品类识别度大多建立在产品外形上，而化妆品则通常建立在包装和颜色上。

6.4.3　品类故事

既然品类是从分化中来的，就需要说清楚你的品类诞生于哪一个母品类，这个新品类跟母品类相比有什么优点，以及与母品类的差异点。要让消费者更容易记住你的产品品类，将品类的重要特点转化为故事是一个好方法。例如乔布斯重新回归苹果公司后，开创了 3 个划时代的新品类：iPod、iPhone 和 iPad。这 3 个品类在第一次发布亮相时，乔布斯就把戏剧性发挥得淋漓尽致。

发布初代 iPod 时，他首先从音乐播放器没有领导品牌说起，然后回顾音乐播放器发展进程，从 CD 播放器、MP3 播放器、Flash 播放器等旧品类入手，比较它们的歌曲容量和每首歌的均价，一直说到 iPod 诞生，接着逐一呈现 iPod 的优点。

发布初代 iPhone 时,他说他要发布 3 个产品,然后话锋一转,这 3 个产品其实就是一个产品,叫 iPhone。与老品类对比,突出 iPhone 的优点。

发布初代 iPad 时,他说苹果公司定义了计算机,又定义了智能手机,接着一个转折,说在二者之间是否能容得下另外一个产品品类,这个产品要比智能手机和计算机有更好的体验。最后推出了 iPad,再逐一介绍 iPad 的优点。

案例分享

2000—2008 年,空气源热泵热水器这块"新大陆"一下涌现了近千家企业参与其中,谁都想成为该领域的领导品牌。在该品类尚未被市场广泛接受的时期,各企业展开了材料战、安全性能战、节能性能战、价格战。在如日中天的太阳能热水器面前,空气源热泵热水器一次次失望而归,生产厂家数量锐减。

究其原因,在精通技术的人的眼中,"空气源""热泵"都是很直观到位的品类名,但对于一般的消费者来说,空气源是什么?热泵又是什么?不管厂家如何画图解释它的原理和性能,人们还是习惯性地对未知世界关闭探索的欲望,再加上动辄 4000~10000 元的价格,和太阳能热水器、电热水器相比,毫无竞争优势。

2008 年,美的电器发现了"空气源热泵热水器"这个品类名教育市场消费者的成本高、效率低和周期长的问题,根据人们已知的"太阳能"信息为出发点,把"空气源"换成了"空气能",把"热泵"这个专业的技术名词直接去掉,把品类名更换为"空气能热水器"。一加一减的改变,提升了消费者对产品的认知度。

随着品类名的更换,全行业看到了一线生机,纷纷采用新的品类名。当年整个行业销售额首次突破 10 亿元大关,2012 年突破 30 亿元大关,2016 年达到历史新高 200 亿元。在国家新能源政策的红利推动下,节能性能突出的空气能热水器未来依然有很大的增长空间。

第二篇
产品力提升篇

| 产品力是企业立身之根本!

第7章
产品差异化创新

很多行业的价格战愈演愈烈，到底如何做才能避免价格战？进行产品差异化创新！

想办法让你的产品具备更高的产品价值层次，只有产品价值层次越高，产品的附加值才越大，竞争对手才越少，也更容易传播，更容易销售。但是产品的实用价值是基础，如果无法保证品质，没有精神价值赋予产品灵魂，产品不可能建立起更高价值层次的万丈高楼。

很多人要问，怎么提高产品的价值层次，怎么实现其精神价值？

想想晨光高考祈福笔。很多人在考试前都有买几支新笔的习惯，试想一下这样的场景：明天就要考试了，当一个学生走进一家文具店，看到这样带有好彩头的笔，价格和普通笔一样，谁不想图个好运呢？这个时候，再有人想要便宜5毛钱，打价格战，还会是你的竞争对手吗？

只要理解了这个极其简单的道理，并且上升到公司战略，你的产品设计、品牌传播、营销方法，自然都非常明确，所有这一切都是为了不断强化你的目标，所有的一切都不能违背和伤害你的目标实现。

当然这需要一个过程，但是只要方向正确，实现只是早晚的事情。另外，我们要做到以下两点。

（1）假如客户买了你的劳力士手表，也要让他的邻居知道劳力士的价值。

（2）假如你已经做成了宝马汽车，就不要做十几万元就能买辆宝马的事情。

对于一个产品来说，一个好的定位就已经决定了产品的成功，而不同层次的产品定位对产品价值也有着不同的影响。

7.1 产品差异化是提升产品竞争力的有效途径

在激烈竞争的市场环境下，产品同质化竞争愈演愈烈，持续打造产品的差异化、品类多样化，是提升企业产品竞争力的有效途径。怎样创造出与竞争对手不同的产品差异化特色，是摆在企业经营者面前的一大难题。

7.1.1 产品差异化要点

差异化实质就是给顾客一个购买理由，即为什么买你的而不买别人的。这就要求企业努力聚焦，把一件事做到极致，凭借别人无法复制的某种特色来赢得客户，在市场竞争中取胜。

产品差异化是指企业利用自己本身的某些优势与消费者特殊的需求偏好，在自己设计生产的产品与其他企业提供的类似商品之间形成有效市场区隔，使这个产品在目标市场中变得更有吸引力，从而使企业在市场竞争中占据更有利地位。产品的差异化可以表现在产品定位、产品精神、产品功能、外观设计、技术特性、品牌形象、促销及服务方式等方面。

产品差异化优势包括两方面，一是用户有差异化的需求，二是企业有提供差异化的能力，这两方面匹配一致了，才能形成差异化优势。所以寻求优势的差异化，就需要仔细分析顾客的功能与心理需求，思考每个与顾客接触的环节，来进行挖掘思考。

产品的差异化必须要有自己的独特性，不是做一个全功能的产品，而是做一个差异化的产品。首先要重新定位产品，包括市场定位、产品精神定位、品类定位、产品需求定位、产品品牌定位、产品价格定位等。例如，苹果公司的电子产品，最大的特点就是易用性，它们通常不是功能最强大的，但往往是最好用的。如果持续不断添加产品新功能，在变得强大的同时，产品也会变得越来越复杂，增加了用户的使用难度；如果不断简化产品，那又该怎样与竞争对手抗衡呢？哪一个取向优先，是多功能还是易用性？如果产品的核心概念行不通，那就重新定位这个产品，而不是为它添加新功能。创造一个有竞争力的新产品，不要着眼于它的功能比别人多，而要着眼于市场竞争情况，让它有一个截然不同的市场定位、产品精神定位、产品品类定位等。如果市场上大多是复杂的企业级工具，那就开发一个针对个人用户的简化版；如果市场上都是很正式的高端葡萄酒，那就开发一种便宜的、针对年轻人的、更休闲的酒精饮料；如果市场上都是技术性的、廉价的电子设备，那就开发人性化的、高价的电子设备。

你要做的不是添加功能，而是做一个市场定位不同的产品，因为我们不太可能通过一个更多功能的新产品战胜现有厂商。比起不断增加新功能，消费者更容易为一个特殊定位的产品掏钱。所以，应聚焦于某种不同的市场定位和需求，开发一个突出核心功能的简化产品，争夺现有厂商的细分用户，而不是开发一个全功能的产品。

设计与开发新产品时，注重产品差异化的要点如下。

（1）不是做一个比竞争对手"更好"的产品，而是做一个"不同"的产品。

（2）不是做一个全功能的产品，而是只提供部分必需功能，更好地满足部分用户的关键需求。

（3）如果新产品的市场反响不好，增加新功能并不能解决问题，应该重新定位产品的目标客户群和需求、产品精神、产品功能、产品特性等，向客户提供差异化的价值。

（4）在产品设计和宣传推广的每一个环节，都要突出产品差异化的不同定位。寻找自己产品的独特价值点，设计与其他同类产品差异化的功效、品质、形象、价格等，并向消费者传达这些差异，以使消费者对产品定位、产品精神、产品特性、产品形象等产生固定、长久的联想，使消费者在联想到某个差异化特点时就能很快想到我们的产品。如高露洁牙膏的定位是双氟加钙配方，牙刷的定位是独有钻石型刷头；农夫山泉矿泉水的定位是有点甜；五谷道场方便面的定位是非油炸。

如果产品自身并无特别明显的差异化区别于同类产品，也可以设计定位同类产品共有的，但是同类竞争品牌还没有提到过的功能或利益诉求，如立白洗衣粉的定位是不伤手。

产品是用来与消费者交换的；品牌是用来与消费者进行沟通的；产品定

位是与消费者沟通产生共鸣的媒介，其关键是找到差异化机会。薄荷糖的形状通常是圆圈，这重要吗？但正是这个看似不重要的创意，实现了产品的差异化，使薄荷糖更容易被消费者轻松识别。

你的产品与竞争对手存在差异吗？消费者是如何识别你的产品与其他竞争性产品的不同？客户能记住你的产品名称吗？如果客户对你的产品没有一点印象的话，那么深入研究客户需求和竞品情况，寻找和确立自己产品差异化的切入点，是提升自己产品竞争力的有效途径。

7.1.2　产品差异化策略

产品的差异化往往是将某一类需求或痛点最直观地展示出来，力求在原有的大市场蛋糕中切下最精准的一块。针对产品本身，制定差异化策略的基本思路是"人无我有，人有我精，人精我新，人新我变"的四步走方针。

1. 人无我有

挖掘并打造新的品类，形成新市场。例如金龙鱼食用油进入市场初期时，整个市场的食用油都是散装的，购买和储藏都存在问题，企业从中发现商机，开创从散装油到小包装油的第一次革命，中国第一瓶金龙鱼小包装食用油面世。这就是发现市场，从无到有，迅速占领市场。

2. 人有我精

在现有行业中把握市场，做出行业的精品。在改革开放时期，我国家电产品并不成熟，很多家电的品质都无法保障。海尔的砸冰箱事件，让群众看到了海尔的品质，信任海尔。海尔的品质信誉迅速传播，这让海尔产品在很长的一段时间内称霸中国家电行业。

3. 人精我新

当整个市场品质无法成为卖点之后，就需要在现有基础上添加新的功能或内容，提升产品的性能价值或功能价值。例如很多火锅店在口味和店内装修方面都无法进一步体现差异，海底捞通过添加强化新元素——服务，迅速登上火锅行业龙头的位置。

4. 人新我变

在市场开发饱和之后，企业应根据未来发展趋势，进行创新发展或向多元化方向转变。如今家电行业品质和服务都无法将某个企业与其他企业区分开来，格力的多元化建设，成功地将格力与其他的家电品牌区分开来，为格力的成功助力不少。

7.1.3　相对竞品的差异化

产品差异化分为垂直差异化和水平差异化。垂直差异化是指生产出比竞争对手更好的产品；水平差异化是指生产出与竞争对手具有不同特性的产品。在现实生活中，通过垂直差异化和水平差异化两种手段交替使用而成功地推出自己品牌的例子不胜枚举，比如宝洁公司巧妙地运用了产品差异化，设计了 6 个具有个性化定位的品牌，从而实现了在洗发水行业骄人的战绩。

如何让消费者选择我们的产品而不选择竞争对手的产品呢？正确的做法是从竞品的长处中找短处，做到竞品没有的功能我们有；竞品做得烂的，我们做得好；竞品价格高的，我们成本低、价格低。例如淘宝的长处之一是品类齐全，但是劣势也在这里，用户在面对海量信息时想找到一个适合自己的产品就变得很困难，所以像蘑菇街之类的导购电商平台应运而生。

为什么是从竞争对手的长处中找短处呢？人类的大脑不善于处理复杂的信息。消费者选择 A 产品而不选择 B 产品，很多时候就是一瞬间的事情。用户的决策时间极为短暂，消费者只能记住那些特别明显的产品特性，也就是产品核心的、明显的差异化优势。从竞品的核心优势中找到劣势，便是从侧面攻破了竞品的已有优势，突出了我们产品的差异化特色，让用户记住并选择我们的产品。

7.1.4　依据服务质量差距模型设计差异化

服务质量差距模型专门用于分析查找质量问题的根源，并帮助管理者了解如何改进服务质量。

顾客差距即顾客期望与顾客感知的服务之间的差距，这是差距模型的核心。要弥补这一差距，就要对以下 5 个差距进行弥合。如图 7-1 所示。

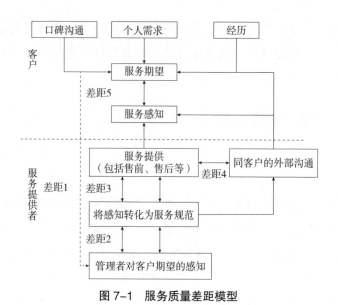

图7-1 服务质量差距模型

差距1，质量感知差距：服务企业不能准确地感知顾客服务预期。

差距2，质量标准差距：因服务提供者所制定的服务标准与公司管理层所认知的顾客服务预期不一致而出现的差距。

差距3，服务传递差距：服务生产与传递过程没有按照企业所设定的标准进行而产生的差距。

差距4，市场沟通差距：市场宣传中所作出的承诺与企业实际提供的服务不一致而产生的差距。

差距5，感知服务质量差距：顾客所感知的或者实际体验的服务质量与其所预期的不一致而产生的差距。

这5个差距中，前4个是导致服务质量缺陷的主要因素。

依据服务质量差距模型对本公司产品和竞争对手产品进行评估分析，找出与竞争对手产品的差距点，并进行针对性改进，突出自己产品的差异化，提升自己产品的竞争能力。

7.2 从产品本身寻求产品的差异化

从产品本身挖掘差异化的不同维度，就是根据产品属性或类型，评估产品的核心维度，围绕产品的核心维度寻找产品差异化方向。从目标客户群的需求特点和产品定位出发，从产品精神、产品基因、产品品类、产品价格、产品功能、产品外形、产品包装、产品工艺、产品材质等各方面，寻求并突出产品的差异化，提升产品竞争能力。

7.2.1 产品差异化的不同维度

首先可从产品定位差异化、产品精神差异化、产品功能差异化、品牌差异化等方面进行突破。产品定位差异化的效果最好，比如王老吉凉茶的口号是"怕上火，就喝王老吉"，和其正凉茶主张"清火气养元气，做人要大气"。后者虽然也讲清火，但它的品牌价值更多融入人文文化，这也是品牌主张的差异化。

激烈的市场竞争引发了大量的抄袭模仿行为，技术创新往往只带来短暂的领先优势，其后便会坠入同质化的海洋。怎样创造出与竞争对手不同的差异化特色，已成为摆在企业经营者面前的一大难题。差异化的实质就是给顾客一个购买理由，即为什么买你的而不买别人的。这就要求企业努力聚焦，把一件事做到极致，凭借别人无法企及的某种特色来赢得客户。

总结起来，除了产品定位外，也可从提炼产品的卖点入手，实施差异化定位，具体可通过以下途径入手。

1. 在原料方面体现差异化

依云矿泉水是"贵族"的矿泉水，传说每滴依云矿泉水都来自阿尔卑斯山山头的千年积雪，经过 15 年缓慢渗透，经天然过滤和冰川砂层的矿化最终形成。大自然赋予的绝世脱俗的尊贵，加之成功治愈患病侯爵的传奇故事，使得依云水成为纯净、有生命力和典雅的象征，因而以高昂价格来销售。

哈根达斯宣传自己的冰淇淋原料取自世界各地的顶级产品，比如来自马达加斯加的香草代表着无尽的思念和爱慕，来自比利时的巧克力象征热恋中的甜蜜和力量，来自波兰的红色草莓代表着嫉妒与考验，来自巴西的咖啡则是幽默与宠爱的化身，而且这些都是 100% 的天然原料。"爱我，就请我吃哈根达斯"，自哈根达斯进入中国，这句经典广告语便席卷各大城市。一时之间，哈根达斯成了时尚食品。

2. 在设计方面体现差异化

苹果公司的产品一向以设计见长，iMac 台式电脑、iPod 音乐播放器、iPhone 手机、iPad 平板电脑，一个个让人耳目一新的产品冲击着用户的心理防线，使苹果品牌变身为时尚与品位的先锋。

Swatch（斯沃琪）手表创新性地定位于时装表，以充满青春活力的城市年轻人为目标客户。以"你的第二块手表"为广告宣传点，强调它可以作为配饰搭配不同服装，可以不断换新而在潮流变迁中永不过时。Swatch 的设计非常讲究创意，以新奇、有趣、时尚、前卫的一贯风格，赢得"潮流先锋"的美誉，而且不断推出新款，并为每一款手表赋予别出心裁的名字。这样个性化的色彩更浓，市场反应更加热烈，甚至有博物馆收藏，有拍卖行对该品牌某些限量版手表进行拍卖。

3. 在制作工艺方面体现差异化

在很多品类中，有大量的产品具有相同的用处，但产品的制造方法往往能让它们变得与众不同。因此，我们要关注产品本身并找出那项独特技术。产品越是复杂，就越需要一个"神奇成分"把它同竞争对手的产品区别开来。一旦找到了差异化，就要不遗余力地"炫耀"它。

真功夫快餐挖掘传统烹饪的精髓，利用高科技手段研制出电脑程控蒸汽柜，自此决定将"蒸"的烹饪方法发扬光大。为了形成与美式快餐完全不同的品牌定位，真功夫快餐举起了"坚决不做油炸食品"的大旗，一举击中洋快餐烤、炸工艺对健康不利的软肋。

4. 在渠道方面体现差异化

戴尔计算机的网络直销消除了中间商，减少了传统分销花费的成本和时间，库存周转与市场反应速度大幅提高，而且能够清晰地了解客户需求，并以富有竞争性的价位，定制并提供具有丰富选择性的计算机产品。想订购的顾客直接在网上查询信息，5 分钟之后收到订单确认，不超过 36 小时，计算机便从生产线装上载货卡车，通过快递送往顾客指定的地点。

5. 在功能方面体现差异化

顾客选购商品是希望具有所期望的某种功效。如洗发水中飘柔的承诺是柔顺，海飞丝是去头屑，潘婷是健康亮泽；舒肤佳香皂强调有效去除细菌；

沃尔沃汽车定位于安全，都是基于这一策略。只要在顾客需求的某方面占据顾客心智中第一的位置，就有机会在竞争中胜出。

王老吉凉茶原本只是区域性的中药凉茶，在公司的运作之下，淡化其成分，凸显其功能，从而创造出一个新品类——预防上火的饮料。上火是人们可以真实感知的一种亚健康状态，降火的市场需求日益庞大，而凉茶的预防上火和降火功效，与其他饮料相比是核心优势，因此重新定位之后的王老吉畅销全国。还有红牛饮料的补充能量定位，脑白金的礼品定位等，都是直接从功能上与竞争对手体现差异化。

另外，功能系列化是产品差异化的有效途径。功能系列化是指根据消费者消费要求的不同，提供不同功能的系列化产品，如增加一些功能就变成高档消费品，减掉一些功能就变成中、低档消费品。消费者可根据自己的习惯与承受能力选择具有相应功能的产品。在细化的消费者需求中，再次细化，以求得到一个最为精准的卖点，也可实现差异化。如在淘宝上有这样的一个店铺，该店铺的差异化主要体现在一个元素上面——颜色，这家店铺所有的商品全部都是紫色的，而且价格也不低，体现了在定位高档人群的基础上，再次细化差异，定位出喜欢紫色的高端人群。

6. 在服务方面体现差异化

海底捞火锅连锁店为劳动密集型企业尊重和激励员工做出了表率。管理层认为，客人的需求五花八门，仅仅用流程和制度培训出来的服务员最多只能及格，因此提升服务水准的关键不是培训，而是创造让员工愿意留下的工作环境。和谐友爱的企业文化让员工有了归属感，从而变被动工作为主动工作，变"要我干"为"我要干"，让每个顾客从进门到离开都能够真切体会到其五星级的细节服务。这些付出也为海底捞带来丰厚的回报，旗下多家连锁店一直稳稳占据着所在城市"服务最佳"的榜首位置。

7. 在形象方面体现差异化

万宝路香烟让同质化的香烟与众不同，秘诀就在于赋予了品牌豪迈阳刚的牛仔形象。赋予品牌某种精神和形象，可以满足顾客的某些精神需求，这种精神沟通以实体商品为基点，又脱离于实体商品之外，为顾客创造了附加的心理价值，可以与顾客建立更加牢固、更加密切的情感联系。

哈雷摩托曾作为美国军用摩托，因此成为退伍老兵的最爱，那张扬的外形、轰鸣的声音代表了一种激情、冒险、挑战传统的精神，最终这个品牌向社会扩散，许多青年人也借哈雷摩托来表达自己追求自由、梦想、激情等种种情感。哈雷摩托车的售价超过普通的轿车，虽然如此，成千上万的哈雷迷们依旧心甘情愿。

8. 在产品规格方面体现差异化

产品规格主要是针对不同的需求而设定的。比如购买一台电脑，消费者会有不同的配置选择，以满足不同的场景。产品规格的差异化操作主线一方面是产品的功能递进，另一方面是产品形式的格式。

（1）功能递进，即打造更高性价比和满足多样的场景需求。依旧以电脑配置为例，有人可能只需要进行简单的办公商务用途，购买预算不高，追求性价比；也有人想要玩大型网络游戏，追求的是高配置、高性能，价格只是其次。

（2）产品形式的格式，就是简单的大小差异。如苹果手机发布 iPhone 6 后，为满足消费者的大屏幕需求，又发布了 iPhone 6 Plus。

9. 在产品形态方面体现差异化

产品形态指的是除产品本身之外的一些可见的产品形式，如月饼的包装盒、矿泉水的包装瓶、茶叶的包装罐等。产品造型上的差异，对产品的销售起到的影响不容小觑。随着人们消费水平的提高，产品的美观情况直接影响消费者是否愿意为其买单。

寻找商品包装的差异化，就是从产品包装出发，设计出有别于市场同类产品的创意方案。产品外包装是直接面向消费者的，也是产品卖相的本质决定因素。例如在月饼行业，各种精美的包装方式令人眼花缭乱。因月饼是节日的产物，除了食品的属性之外，还有礼品这一层定位，包装也就成了产品差异化的重要体现方式。美化包装能改进产品的外观，提高消费者的视觉兴趣，激发消费者的购买欲望，因此能形成产品差异，促进销售。

10. 在视觉标识方面体现差异化

可从视觉标识上寻求产品的差异化。品牌 Logo 作为识别标志，可以用独特的色彩和形状来表达，在视觉上形成差异化。

11. 在新一代产品代系方面体现差异化

新一代产品带来的顾客心理反应是显而易见的，企业应想方设法推出新一代产品，而不仅仅是试图推出更好的产品。强大的领导者要用新一代产品增强自己的竞争力，吉列品牌不断推出新一代剃须刀片的战略，正是采用这种方法主导市场的例子。让新产品突破老产品是很重要的，因为这样才能让顾客相信这的确是新技术。新老产品之间的差别越大，新产品就越容易销售。

产品的差异化塑造，一定要在深度理解目标客户的核心利益的基础上，围绕产品的实用价值、性能价值、功能价值和精神价值 4 个层次进行。

7.2.2　产品差异化战略

1. 产品质量的差异化

产品质量的差异化是企业为向市场提供竞争对手不可比拟的高质量产品所采取的战略。产品质量优异能产生较高的价值，进而提高销售收入，获得比对手更高的利润。例如，奔驰汽车依靠其高质量，售价比同类型一般轿车高出近一倍，从而为公司创造了很高的投资收益。再如，海尔电冰箱以高质量形象进入国际市场，赢得国内外用户的信赖。

2. 产品可靠性的差异化

产品可靠性的差异化是与质量差异化相关的一种战略。企业产品具有绝对的可靠性时，即使出现意外故障，也不会丧失使用价值。美国坦德姆计算机公司开发了一种由多台计算机组成的电子计算机系统，在操作这种系统时，如果某一台计算机发生故障，其余计算机可立即替代其工作。该公司这种独特的产品可靠性在市场上影响很大，公司将营销重点集中于那些使用计算机的大客户，如联网作业的金融机构、证券交易所、连锁商店等，满足了这些客户不愿因系统故障而停机的需求。

3. 产品创新的差异化

拥有雄厚研究开发实力的高技术公司，普遍采用以产品创新为主的差异化战略。这些公司拥有优秀的科技人才和执着创造的创新精神，同时建立了鼓励创新的组织体制和奖励制度，使技术创新和产品创新成为公司的自觉行动。如华为公司以高科技为先导，为市场创造新颖、别致、适用、可靠、效率高的新产品，成为世人瞩目的高技术创新企业。产品创新差异化战略，不仅可以保持企业在科技领域的领先地位，还能大大增强企业的竞争优势和获利能力。

4. 产品特性的差异化

如果产品中具有顾客需要而其他产品不具备的某些特性，就会产生别具一格的形象。有些产品特性的差异化已成为广大顾客的共识，例如在世界汽车市场，奔驰汽车是优质、豪华、地位和高价格的象征，丰田汽车则具有质量高、可靠性强、价格合理的特征。

7.3 产品差异化的价值判断

判断产品差异化是否有意义或有价值，可从以下几个维度来进行。

7.3.1 市场规模

在追求差异化时，不可忽略细分市场的规模，太小的市场规模不适合追求差异化。有些企业，盲目地迷信产品差异化，将消费者的需求细分再细分，最终得出了最精准的人群，但推广之后却发现，就算拿下了所有市场，对于企业发展的帮助也是微乎其微。

7.3.2 价值性

对目标用户而言，差异点是否有价值是十分重要的。以手机为例，除了通话质量外，电池待机时间就是一个重要差异点，而手机厚薄则是一个次要的差异点。

推广有价值的差异点能够为公司带来利益。如成为会员就能享受全年任意退换货服务，势必吸引更多顾客多付一点的费用成为会员，这样日后买产品更有保障。但有些差异化并不带来直接利益。

7.3.3 独特性

独特性是指具有竞争对手不能提供的特性，或比竞争对手有明显的优势。

比如购买一个商品想要其尽快送达甚至当日送达，那京东是首选，其他电商平台很难跟京东匹敌。

7.3.4　优越性

优越性是指与其他竞争对手提供的价值相比有明显的优势。比如小米移动电源，定价较低，电芯品质一流，外壳是金属的，在性价比上几乎没有同类产品能与其竞争。

7.3.5　可见性

可见性是指产品的差异点能够很容易被消费者看到、感知到，比如价格。再如，小米移动电源采用的是金属外壳，与其他塑料外壳的竞品能立马区分开。

7.3.6　风险性

不要根据一个容易复制的特性或属性设计产品的差异化，例如低价特性。很有可能一些竞争对手会找到办法，甚至亏本来降低产品的价格抢占客户，这就是为什么进行除价格之外的差异化是至关重要的。

7.4　产品差异化的传播

在产品宣传中，借助用户的已有认知，借助市场上占据领导地位的产品，与它进行关系捆绑，从而让用户记住你的产品，即关联定位，例如七喜的非可乐策略。当可乐大行其道时，七喜宣扬自己的饮品非可乐，强调了自己与可乐不同，即便它没有说自己是什么，但在可乐作为主流饮料的当时，已经是十分标新立异的定位了。

在传播学里有个经典的公式，即"受众的记忆度＝受众对内容的熟悉程度／内容的记忆难度"。用户在生活中记起产品名称是有固定顺序的，只有当他们身处某种情景时，才会产生某种需求（包括心理需求），进而想到需求的解决方案，即产品功能类别，最后才想起产品品牌。比如上班途中错过了公交车，为了不迟到，于是想到了打车、骑自行车、坐地铁，比较后只有打车才不会迟到，继而才想到了滴滴打车。用户的思考逻辑顺序是"情景—需求—功能品类—产品品牌"。

为了顺应用户的思考逻辑顺序，方便用户联想，广告语也应该顺应这样的顺序。将情景、需求、功能类别与产品品牌名进行绑定，例如：

"怕上火，就喝王老吉！"

"装房子，找家具，就上赶集网！"

"今年过节不收礼，收礼还收脑白金！"

用户的联想路径越短，就能越快想到产品，这也是越来越多的产品广告流行与情景绑定产品品牌的原因。

朗朗上口的广告语和宣传口号同样能帮助用户记忆，减少用户记忆和认知的成本。用户对产品的认知有自我体验、口碑影响和官方宣传3个维度。它们的效果是"自我体验>口碑影响>官方宣传"。

用户体验后才能判断产品到底适不适合自己，在用户对产品的认知阶段，其影响比重最大。即使是朋友推荐的，如果这个产品真的不适合，用户也不会购买使用。

第8章
基于用户心理模型设计产品

在使用产品过程中什么时候会遇到惊喜？那就是当你接下来想做什么事情时，产品已经帮你做好了，或是你想象的情景已经呈现在你面前了，也就是当产品正是为你所想而设计的时候，你就会对产品产生兴趣。

这就是产品设计遵循用户心理模型的效果。

8.1 用户心理模型

8.1.1 用户心理模型、技术实现模型与系统表现模型的关系

开车过程中，当我们踩下汽车的制动踏板时，想象的画面可能是一个刹车片和轮子摩擦。实际上，还包括液压缸、油管及金属垫板等一系列看不到的零件产生了作用。这里的心理设想就是我们说的心理模型，踏板就是系统表现模型，而实际看不到的那部分则属于技术实现模型。

用户心理模型是人们通过经验或者教导在心里对事物形成的模型，是用户对产品、功能、界面、元素、信息等的解释与认知，存在于用户头脑中关于一个产品应该具有的概念和行为知识，这种知识可能来源于用户以前使用类似产品的经验，或者是用户根据使用该产品达到的目标而对产品的概念和行为的一种期望。心理模型经常是根据以往经验，通过零碎的事实构建而成的，对事实的来龙去脉只有一种简单的理解，是一种依据心理学，形成对事物的起因、机制和相互关系等的看法。

技术实现模型是指产品的内部构造和工作原理，它存在于产品设计研发人员的头脑之中，属于技术解决方案领域，受到技术发展的限制较大且短时

间难以取得较大突破。

系统表现模型是指产品的最终外观呈现给用户后，用户通过观察或使用形成的关于产品和使用的认知，是人们通过训练和学习，对自己、他人、环境以及接触到的事物形成的模型。系统表现模型和用户的心理模型越接近，用户越容易理解并使用它。一个好的表现模型能帮助我们预测操作行为或使用规则的效果，否则，用户在进行操作或使用规则时就只能盲目地死记硬背，照别人说的去做。

用户领域的心理模型设计人员很难改变，唯有遵从和引导，而依赖于技术水平的实现模型，在一定时期内也很难取得较大改变，唯有系统表现模型有较大发挥空间。系统表现模型分布于技术实现模型和用户心理模型之间，系统表现模型越是接近用户心理模型，用户需要学习的如何使用产品的知识就越少，产品的实际使用方式也越与用户认知相接近。如图 8-1 所示。

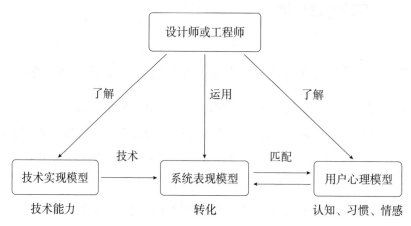

图 8-1 用户心理模型、技术实现模型与系统表现模型的关系

大多数使用者往往通过试错法或阅读产品说明书来了解产品的使用方式，而设计师可以通过产品形态来传达这些信息。

因为系统表现模型和用户心理模型越接近，用户越容易理解并使用，所以产品设计者究竟应该提供怎样的界面认知框架才能让用户一目了然并实现目标和需要呢？结论是要以用户是否理解为衡量标准。设计目的与心理预期越一致，用户越能快速理解和操作。

用户要通过系统的外观、操作方法、对操作动作的反应以及用户手册来建立概念模型，因此系统表现格外重要。设计人员应该保证产品的各个方面都与正确的概念模型保持一致。

对于产品经理来说，应该懂得分辨什么样的设计才能接近用户的心理模型。构建有效的用户心理模型，有助于设计者理解与推测用户的认知方式、知识结构、思维流程与行为动作，容易理解用户与产品交互中存在的用户体验问题，从而获得产品设计优化的切入点，为产品用户体验设计提供方向。

用户心理模型是用户通过经验、训练和培训形成的关于产品概念和使用行为的知识。用户往往遵循已经构筑的心理模型认知和使用产品。当用户接触或学习新的或类似的产品时，对该产品的物理结构、功能系统等形成认知后，会得到新的经验和知识，用户心理模型也会随之更新。

基于用户感知、判断和行为 3 个层次，建立用户心理模型，指导设计或者创新设计活动，从而获得更符合用户体验的设计方案。用户心理模型有以下几个特征。

1. 用户心理模型是客观事物的映射

不符合用户心理模型的产品设计会增加用户学习和认知产品的时间，严重的话，用户会放弃使用该产品。在产品界面设计中，我们常常使用隐喻界面（用户通过视觉上的提示就可联想到它的功能）的设计方法，就是按照现实世界中事物的特征进行概括性设计。例如，大多数产品已经开发了音量滑块的心理模型，如图 8-2 所示。

图 8-2　不同音量滑块示例

左侧的上下移动的滑块代表大多数人对于音量滑块所具有的心理模型；

中间的左右变动的滑块设计是不符合用户习惯的,它看上去完全与用户心理模型和用户期望值相抵触;右侧的比较宽的上下移动滑块则取自苹果公司产品的设计。对比之后可以发现,苹果公司利用创造力和创新来设计新颖的产品形式,但仍然尊重用户心理模型的结构。

了解用户的心理模型是设计中的重要一环,对既定设计进行用户体验研究,有助于澄清现有的心理模型,并使设计师能够利用其特性改善产品体验,提升产品的可用性和易用性。

2. 用户心理模型是可以改变的

用户心理模型可以通过训练而改变,所以对于现实设计中没有习惯用法的情况,我们可以大胆创新,引导用户建立心理模型。但是对于已经有习惯用法的,即已经在用户大脑中建立了心理模型的,我们还是要尽可能使用习惯用法,这样可以节省用户的学习成本,不会引起用户的吐槽。

3. 用户心理模型必定是简单的

用户心理模型是简单的,这种简单的模型有助于用户使用产品。产品经理要做的就是让你的产品界面和用户心理模型一致。

奔驰汽车的座椅按钮设计就是使用用户心理模型完成交互设计的一个很好的例子——车门上用于控制汽车座椅的按钮布局直观上易于理解和操作。

人们具有独特的用户心理模型,这些心理模型通常由教育、经验、年龄和文化塑造而成。为了使用户理解以及设计出好的产品,设计人员需要缩小产品与用户心理模型之间的差距。

为了与用户现有的心理模型保持一致,设计过程应结合对产品运行方式中用户期望的理解,这一步骤是发现用户需求和痛点的重要环节。因此,产品经理的工作重点应该放在理解用户的需求。开发工程师更多从技术角度考虑,按照技术实现模型来设计用户界面,所以产品经理要成为开发工程师和用户的沟通桥梁。

8.1.2 基于认知规律认识心理模型

根据认知结构理论,人的认知发展有3个特点,即同化、顺应、平衡。

(1)同化:成功用原有的经验和认知去解释和理解新的外界刺激,原有认知得到了强化。

（2）顺应：没有成功用原有经验和认知去解释和理解新的外界刺激后，根据新刺激调节原有认知或重建新认知。

（3）平衡：同化与顺应是一个动态平衡的过程，新的刺激出现后先用原有认知去同化，成功即达到平衡，失败则顺应达到新的平衡。

基于用户心理模型可以更好地理解与分析用户需求，能让设计更易理解、使用；而区分同化心理模型和顺应心理模型有利于确定哪些需求需要重点引导，哪些可直接匹配不用作多余解释。

用户心理模型对产品开发设计的一致性要求如下。

1. 用户心理模型和技术实现模型的一致性

用户心理模型是用户内心真正的需求，一旦用户心理模型和技术实现模型相差较大，会让使用者内心产生强烈的反感或挫败感，最终可能弃用该产品。因此，产品和设计需要挖掘用户真正的需求，并寻找最佳的解决方案，尽量使技术实现模型与用户心理模型保持一致。如图 8-3 所示。

客户的解释　　调查者给出的需求　　产品经理给出的需求　　工程师是这样落地的　　客户真正需要的

图 8-3　用户心理模型与技术实现模型的统一过程

2. 界面和操作流程的一致性

（1）交互上实现布局、发散和聚焦的方式、同类问题解决方案流程的一致性。

（2）视觉上实现视觉风格、效果、感染力和产品定位、产品基因的一致性，这是整个设计体系的基础，是整个产品的基因表现。

我们需要给用户提供基本统一的操作流程，这个流程需要结合我们的经验并搞清楚用户心理模型。如果同类的功能和业务场景使用不同的方案，会让用户的学习成本变高。

3. 视觉的一致性

产品品牌是一个系统工程，品牌的整体视觉要与整个公司的产品视觉基调、主观上的视觉感受，包括空间、颜色、层级、字体、形状和运动规律等基本属性保持一致，要使整个视觉风格和用户心理感受达到一致。

4. 认知的一致性

产品经理需要与开发团队在前期就达成认知的一致，这个一致主要在于整个产品的设计原则。设计原则是在遇到问题时可以依赖的法则，需要用设计原则来框定整个制作流程。

5. 用法的一致性

设计体系的基础是组件。组件有本身的结构属性和使用场景，通过多场景的使用验证和用户的交流来确保产品在今后的使用方法是一致的。这些用法和使用场景将沉淀为设计系统中组件的使用指引，供产品经理和设计师们学习和深入研究。

这些原则能保证一致的设计产出、高效的跨部门团队沟通和新产品开发项目高质量地快速落地实施。

8.2 用户心理模型开发原则

用户心理模型中的认知和期望属于用户问题领域或任务领域，而技术实现模型则属于技术解决方案领域。设计师在进行产品设计时，根据设计目标，并结合自身的经验及对外界事物的认知，将其内在的预期转化为产品的外在形式，即产品的造型、色彩、材质、操作界面、功能指示等。这些外在形式必须清楚地表现出设计师所创造的概念模型，才能更容易被用户理解。

产品越复杂，用户心理模型与技术实现模型的差别越大。心理模型属于用户的问题领域，是设计师无法轻易改变的，而技术实现模型依赖于当时的技术发展水平和技术积累，在一段时间内也很难有大的改变。只有系统表现模型具有极大的可塑性，是设计师可以通过设计来改变的。

因此，我们可以认为系统表现模型总是位于用户心理模型和技术实现模型二者之间。系统表现模型越是接近用户心理模型，用户使用产品时需要学习和记忆的内容就越少，这是因为产品的实际表现与用户的心理期望非常接近，这样的产品就很容易被用户接受。相反，如果系统表现模型接近技术实现模型，用户就必须把认知和期望投射到产品实际表现出来的一些外观元素和执行操作上，当这种投射遇到障碍时，就会使用户产生困惑，用户需要重新建立对产品的认知，增加了记忆负担，使其觉得产品很难使用。如图8-4所示。

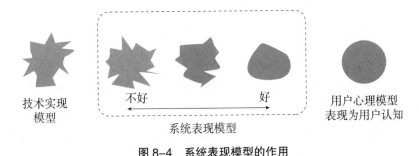

图 8-4　系统表现模型的作用

因此，越是符合用户心理模型的设计越容易被用户接受。如何在设计中使产品更好地与用户心理模型匹配，已经成为设计师重点研究的问题。产品设计的最终呈现，应该是基于用户心理模型，符合用户的现实经验和想象，而不是基于工程技术实现模型的。

心理模型还能改善我们的思维方式，帮助我们简化复杂事物，更好地理解生活。心理模型并不是现实，它只是现实的"地图"，只提供事物运作的方式。它可能不是完美的，在默认情况下，它只是代表产品的缩减版。

用户心理模型的应用基本原则包括以下几方面。

8.2.1　逆向思维

人们习惯于沿着事物发展的正方向去思考问题并寻求解决办法。其实，对于某些问题，尤其是一些特殊问题，可以倒过来思考，让思维向对立面的方向发展，从问题的反面深入地进行探索，例如为了寻求成功不谈如何成功，而是从如何避免失败着手，也就是从防止失败的因素开始思考，识别和消除通往成功的障碍。例如你要去约会，想要给对方留下一个好印象，不要问自己哪三件事会让你看起来不错，而是问问你自己哪五件事会让你看起来像个"白痴"。这个思路是与其考虑你想要什么，不如考虑你想要避免什么。逆向思维并不能给你所有问题的答案，但它能改善你思考问题的方式。

8.2.2 第一原则

第一原则是对复杂问题进行逆向思考的最佳方法之一。从第一原则出发的推理通常被认为是将事物归结为最基本的真理的行为。

第一原则将基本思想与它们可能基于的任何假设分开来实现。因此，第一原则是一个不能再进一步推演的基本假设。

在接受采访时，埃隆·里夫·马斯克解释了其建立的太空探索技术公司是如何运用第一原则以低价进行创新的。在公司的早期发展阶段，马斯克被告知"电池组真的很贵，而且价格会一直保持高位"。然而，他没有满足于这个答案，而是把问题分成几个基本部分。首先，他确定了电池的材料成分，然后利用伦敦金属交易所为这些材料定价，并计算了建造成本。事实证明，自下而上制造电池的成本仅为原价的 13.3%。通过从第一原则出发进行推理，马斯克打破了原有信念的迷雾，看到了其他人看不到的机会。

8.2.3 二阶思维

生活中经常会出现这种场景：出现了一个问题，然后解决了，但因为这个解决方案又导致了一个更严重的问题。如何防止此类情况发生呢？应用二阶思维思考问题。

二阶思维就是在因果链上步步推演，时间驱动因果链向前发展。每一个行动都有一个后果，而每一个后果都有进一步的后果，这被称为二阶效应。二阶思维就是思考这些二阶效应。这是强大的思考工具，因为事情并不总是像看起来的那样。二阶思维可以让我们在作出错误的决定之前，看到该决定的长期后果。例如，有一本书中讲了一个很好的例子："几十年来，我们一直在给牲畜喂食抗生素，以使肉类更安全、更便宜。直到最近几年，我们才开始意识到，这样做会创造出大量我们无法抵抗的细菌。"

8.2.4 帕累托原则

意大利学者维尔弗雷多·帕累托指出，在许多事件中大约 80% 的影响来自 20% 的原因，即生活中的大多数事情并不是均匀分布的。用户心理模型也不是均匀分布的。在成千上万的用户心理模型中，有一些是更有用的，所以你可以运用帕累托原则，从用户心理模型中找到最适合产品设计的那 20% 的部分，并做到以下几点。

（1）理解用户需要的设计。

（2）拥有实现设计的能力。

（3）设计有特色和辨识度。

在设计过程中，应该通过用户心理模型理论，了解到用户真实的需求，了解用户真实的目标，以及他们为了达到这个目标会尝试的方法和他们的思考过程。用户心理模型不会基于我们提供的设计，而是出自他们本身对事物的认知和自身习惯的行为方式。当我们完整准确地了解了用户心理模型，就能清晰地知道我们需要提供的价值是什么，并了解如何设计可以最自然、最有效地满足用户的需求。

8.3　用户心理模型构建

每一个产品的使用者对于新产品的认知通常都需要一个消化和接受的过程。通过必要的操作和行为方式对一个产品的外观、感觉和功能进行调整适应，需要花费一定的时间和精力。

8.3.1　缩短技术实现模型和用户心理模型的差距

如何通过产品设计工作缩短用户对产品的认知过程呢？首先需要了解用户心理模型，了解用户的思考方式和行为方式背后的根本原因。把用户心理模型应用到产品设计与开发中，与系统表现模型、技术实现模型相对应。产品经理或设计师们的工作就是通过设计，缩短或改良使用者对产品的认知过程，使产品更加直接有效地被用户识别，这就需要找出自己产品的用户心理模型。

对于一个产品，使用者不是被动地接受设计师的设计意图，而是具有一定的心理期望。

产品的外部形态是一系列视觉元素的组合，产品造型符号具有一般符号的基本性质。产品外部形态激发使用者利用以往的生活经验或行为体会，使其忘记产品的存在。产品变成了用户思维的延伸，用户就更易懂该产品。因此，产品设计的最终目标应该是不需要任何的使用说明，用户就可以操作或使用。

作为一个设计师或产品经理，如何才能够对系统模型进行有效设计，达到与用户心理模型的高度匹配呢？

对于技术实现模型，设计师基本难以推动或改变，只能在其基础上继续了解并合理运用。缩短技术实现模型和用户心理模型的差距，可通过4个步骤：信息收集、信息整理、信息分析、信息运用。

1. 信息收集

通过收集目标客户群和竞争对手的信息、新技术的发展信息、新的设计理念，以及新产品所运用的新技术、新材料的趋势，深入一线制造单位了解新生产工艺以及工艺实现带来的成本变化，收集新材料的同时进行不同材料的分类。

2. 信息整理

工程设计师在收集了大量素材后，信息的整理是对收集信息的加工过程，可以按照不同的维度进行加工整理。可以按照不同的心理需求类型分类，也可以按照产品的商业模式分类，还可以依据材质分类。

3. 信息分析

新产品带来的新材料使用或者新工艺实现，需要考虑该产品为什么会运用这类材料或这类实现工艺，这么做可以达到什么目的，比如消费电子类产品中金属材料的运用为什么越来越频繁。

4. 信息运用

通过前3个阶段的积累和思考，对材料和工艺比较得出其优劣特点或适用范围，针对自己产品规划路径和所设计的产品，设计师选择和运用某种材料或工艺。需要进行以下思考：基于产品定位、产品档次定位、价格定位、产品精神定位等，结合用户心理模型，考虑应用什么材料、材质；从产品意图、用户角度、工艺的实现难度和稳定性、工艺和材料的价格等进行多维度分析，选用最适合自己产品的材料或工艺。除了知识的学习之外，设计师多下生产一线去了解产品、积累经验也非常重要。

8.3.2　用户心理模型应用

用户心理模型比技术实现模型更加复杂，需要整个设计部门或公司的长期持续投入，而这种投入往往很难立竿见影，这可能是如今很多企业在用户心理模型研究方面仍是空白的原因。用户心理模型可分为外显心理模型和内隐心理模型。

1. 外显心理模型

外显心理模型是基于产品外部造型元素进行用户心理和身体测量，如形态、颜色、材质、尺寸等，通过对多个维度的选择性测量，得出多个用户心理模型的基本外显心理模板。可以通过单个产品的多角度测量，也可以根据选择性测量的标准反向寻找材质、色彩和造型等构成元素。例如，关于颜色与味道关联性测量和对产品的多维度形容词测量：红色代表辣，深棕色表示苦，蓝色表示咸，粉色代表甜，等等。

除了设计前期对于用户外显心理模型的测量，设计过程中对于已有的设计方案或设计模型还可以进行多次测量，不断校正，测量方法包括定量调研和定性调研等。

2. 内隐心理模型

内隐心理模型相较于外显心理模型而言更为复杂，很难用一种标准的数据式维度去进行衡量。不同行业、产品可采用不同维度的分类方式。

例如，为了更好地理解和把握中国汽车消费者的特点，某公司立足于汽车价值观和汽车消费意识，对调查对象进行族群分类研究，并结合调查对象的属性特征、生活形态、汽车购买特性等分析结果，描绘出极具代表性的八大族群的人物画像，深入洞悉影响中国汽车消费者购买行为的生活形态或价值意识特征，如图 8-5 所示。

用户心理模型理论可以对设计师的设计工作有一定的指导作用，不同的设计案例还需要设计师进行深入的研究和验证，具体可参考如下步骤。

步骤 1：识别用户目标。

确定用户目标客户群后，要深入了解用户需要经历一个怎样的操作流程，以及什么信息影响着用户决策。

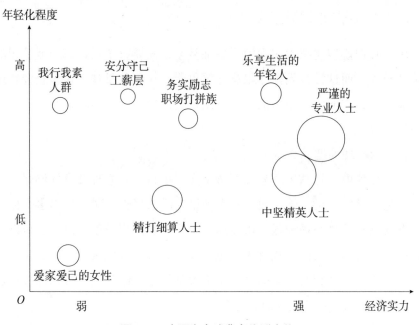

图 8-5　中国汽车消费者族群定位

步骤 2：突出目标相关信息。

了解客户对于产品需要知道哪些信息，这些信息与操作之间的关系、层级如何，什么信息可以弱化或隐藏，以及哪些信息需要强化。

步骤 3：寻找类似模型。

了解现实中有哪些类似的用户心理模型，本公司产品需求中的信息和操作有哪些，以及哪些信息或操作可以降低理解成本。

步骤 4：靠近用户心理模型。

通过设计，将系统表现模型靠近用户心理模型。规划产品设计，让用户尽可能凭生活常识就可以理解。

案例分享

1. 选择可参考产品

可根据自己产品的情况建立选择参考标准，一般可根据产品影响力和需求契合度两个维度构建选择模型进行比较选择，如图8-6所示。

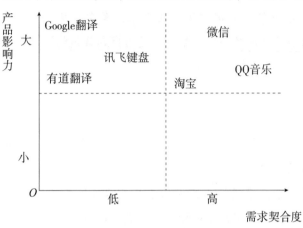

图8-6 以语音功能为例构建的选择模型

处于右上角的产品影响力和需求契合度都最高，是需要重点剖析与参考的产品，详细研究这些产品或用户心理模型的设计，在制定产品设计方案时影响权重也最大，因为会最大程度匹配到同化心理模型。

2. 分析功能心理模型

经过分析可得出，语音功能的用户心理模型有两个：相比键盘更方便的信息输入方式和吩咐命令。

3. 分析形成心理模型

基于对功能的理解，再进行形式上的分析，包括流程、页面元素、反馈方式等，抽象出各个产品对语音交互所匹配的系统表现模型的共同点与差异点。

根据语音交互的特点，构建线性流程维度与交互原则维度，线性流程为"触发点—开始输入—输入中—输入结束"，交互原则为"功能可发现性—操作可发现性—反馈"，将每个产品对应表现的元素整理出来。

可以发现，在语音交互中大多重点考虑其交互手势、反馈及新手引导。手势有点击与按住两种，对应点击手势的是圆形按钮，对应按住手势的是圆角矩形按钮，但仍会加上文案提示；反馈形式有动效、声音、文案、手机震动等；新手引导以文案为主。得到这些表现元素后，再设计方案时可根据具体的用户场景及需求，考虑手势是用按住还是点击，反馈是只用动效还是多种形式结合，最后得到最优解。

4. 语音的用户心理模型分析

（1）手势。

首先需要重点考虑的是手势交互，手势操作的可发现性与匹配可以减少用户的误操作和认知学习成本。基于手机用户界面图形的语音输入，目前有两种操作方式。

一种是大家熟悉的微信，按住录音，结束松开按钮。微信的语音录入交互已经培养了大家的心理模型，形成了习惯。

另一种是 Google（谷歌）翻译，触发即录音，点击按钮即结束。圆形按钮与动效很好地表现了点击结束的操作示意。

（2）反馈。

语音录入是一个持续性输入状态，所以反馈需要实时且明显。为了让用户放心录入信息，微信用了 3 个反馈：录入动效、按住效果、新的气泡闪烁。iOS 原生键盘的语音则用了声音反馈，这里的动效反馈是很好的创新设计，在保证正确传递"正在录音"的信息的同时可通过动效传递增加趣味性。

（3）新手引导。

在一个产品里，语音可以支持没有用户心理模型的功能，所以一开始需要做好新手引导，告诉用户可以做什么、怎么做。

（4）控制感。

语音输入应该能让用户有控制感，用户决定什么时候开始什么时候结束，就如同人与人之间对话，我开始说，你认真听，我说完，你给予反馈。假如我说完，你还没有给予反馈，需要我说"我说完了"，这就有点尴尬。所以习惯了微信的控制感后，再用 QQ 音乐的语音输入功能，第一次可能会有点不适应，但是 QQ 音乐处理较好的是，能识别停顿自动结束出结果，时间间隔基本是你把手机放回正常视线的时间间隔，这样的结束体验是很好的。

　　要强调读懂用户心理；要强调已满足用户的需求，最好是超越用户期待值。在产品设计时，要思考使用场景细节。

8.4　基于用户心理模型的产品设计思路

8.4.1　产品创新设计分析

案例分享

　　来自意大利米兰的一个设计师团队为 Chicco（智高）公司创造了一条新的奶瓶产品线，如图 8-7 所示，堪称应用用户心理模型进行设计的典范：从婴儿奶瓶喂养到孩子长大直接用玻璃杯喝水这段时间里，这些奶瓶伴随他们的自然成长，可以满足婴儿、母亲和教师的需求。

注：从左至右依次是"Take up"（拿起）、"Pull up"（提拉）、"Twist and Turn"（旋转）

图 8-7　Chicco 奶瓶产品线

该生产线专注于产品与用户的情感关系，是采用移情设计方法的成果。"我们的任务是确定新的产品解决方案，从婴儿奶瓶喂养到用'成熟'的玻璃杯喝水这一阶段可以陪伴和促进宝宝的自然成长和学习。"该公司的高级设计师和项目经理说："要做到这一点，我们已经开始启动以用户为中心的研究过程。"

　　设计师们深入一些初生婴儿的家庭中，观察母婴生活；去幼儿园观察孩子们的学习、玩耍和起居活动。婴儿出生的最初几个月，母婴关系非常亲密，母亲会轻轻地握着宝宝的手，用奶瓶给宝宝喂奶，还有很多宝宝第一次尝试抓取并握住奶瓶，这些情景都被设计师观察并记录下来，重新设计了一种远不同于传统体验的奶瓶。

　　这就是新的 Chicco 奶瓶产品线诞生的过程。"Take up"瓶子的侧面凹陷下去，引导他们靠自己的努力去抓握奶瓶，以鼓励宝宝的独立性。"Pull up"促进了宝宝的童趣探索，让宝宝自己去拉开奶嘴。"Twist and Turn"基本上趋近于正常喝水的杯子，引导宝宝自己去拧开盖子来喝水。

　　从以上案例我们可以看出，不论是产品的重新升级，还是全新需求的产品设计，都应该从用户的生活习惯和使用场景着手分析，总结归纳出用户心理模型，利用用户心理模型和产品定位的相关理论进行产品设计与开发，赋予产品灵魂和生命，让用户有亲近感、熟悉感，提升产品的竞争力。

　　用户心理模型与用户痛点相结合进行创新，能够提升产品功能，使其超出客户心理预期。

　　用户心理模型是对事物如何运作的心理解释，它为我们提供了一种看待世界的新方法，并帮助我们理解现实和用户。

　　应用用户心理模型优化产品设计包括以下三个方面。

　　第一，了解用户心理模型，把产品与用户群体融合在一起去思考、设计。

　　第二，研究用户心理模型，选择最准确的设计方向。

　　第三，把握设计上的细节，实现预期的设计目标。

8.4.2　产品设计的思考维度

以下从设计师的角度，基于用户心理模型理论分析产品设计应该思考的维度。接到产品经理的产品设计需求后，在动手设计之前，要对产品进行全局性了解。

1. 品类分析

你需要做的产品大方向属于哪个行业，如制造类、教育类、娱乐类或工具类等。产品分类一定程度上会影响设计师对整体视觉设计风格的判断。

用户在多年的使用过程中，心理上对相应类型的产品大概的视觉风格潜意识里已形成了一定的心理印象，即用户心理模型。

影响产品视觉风格的因素很多，如产品精神、产品定位、品牌文化、用户的需求定位、面向的用户群体（市场定位）等，了解产品种类能为产品设计提供整体视觉风格的参考方向。

产品的具体定位分类应该与产品经理、运营人员、市场营销人员等产品的一线人员去沟通确定。因为设计师不一定能完全面对面地接触到一线市场需求，接到的设计需求大多是产品经理转化来的，甚至是口口相传、层层转述后的内容，这其中每个人的理解都会有所不同，难以保证拿到的需求和真实的市场用户需求无差别，所以和一线负责人进行沟通是非常必要的。

2. 竞品分析

竞品分析有专业完善的分析方法，不是设计师应该负责的，而是产品经理、运营人员等需要做的事情。可以在 3 个维度进行分析。

（1）主流竞品。

分析主流竞品的主要目的是研究行业细分的用户心理模型。在市场已经有不错的同类产品情况下，可以参考分析它在设计层面上有哪些亮点，包括视觉风格、交互体验、运营视觉等，以及哪些功能已经形成了用户心理模型，然后结合自家产品设计需求和市场策略去进行设计工作。

（2）竞品优势。

这部分分析是为了寻找自己产品的差异化点和方向。与市场上已有的同类主流竞品比较，如果自己的产品没有明确的特色或卖点，即使推广出去也很难从竞品手中抢过用户。就算竞争对手的市场不大，并且在自己产品的推广初期就大量烧钱优惠，也很难最终战胜竞争对手。而一旦有区别于其他竞品的特色或差异化优势，在产品设计和宣传时，就可以有意识地突出放大优势，包括在运营视觉的设计上形成明显的差异化，大大提高成功的概率。至于是不是差异化的竞争优势，需要和产品经理、运营人员、市场营销人员沟通确认，因为这在一定程度上会影响到产品设计工作。

（3）需求目标。

需求目标指的是本次的设计需求在产品层面上要解决的问题。多数情况下，作为设计师接到的设计需求往往都是针对设计层面的描述，如"要做一个××页面，有××功能，你用色布局可以更大胆些……"可是往往出现产品设计做完了却被决策者打回来反复改稿的情况。排除视觉设计水平方面的问题，更多时候是因为没从市场运营角度考虑事情。所以在设计开始之前，应该首先明确用户心理模型，并与产品经理、市场人员等达成共识。

8.4.3　用户心理模型的构建路径

关于产品运营层面的问题，设计师依旧需要去找产品经理或相关人员深度沟通。要做好设计，沟通过程很重要，其实相比实际动手设计的时间，沟通时间占比应该更大。

1. 用户分析（Who→需求群体）

产品终究是给消费者用的。如果连给什么样的人用都不清楚，也就是对消费者或购买者的特点和用户心理模型都不清楚，很难说设计的产品能抓住用户的心，保持用户黏性。

在设计过程中，对用户群体研究的占比也越来越大，如用户画像、用户心理模型等都是为了精确分析产品用户的特征、行为习惯、使用场景等方面，这就大大提升了产品研发的成功率。

可从 2 个维度理解用户群体。

（1）年龄范围。

年龄范围决定了用户对设计产品的接受能力。通常来说，年轻用户比年长用户接受能力更强，也更愿意尝试新事物。假如用户群体偏大龄化，那我们在处理色彩、文字、布局等具体内容时，就要有意识地考虑：色彩在符合产品定位的前提下，是否要保守稳重一些；为了照顾大龄用户的可读性，文字是否需要加大字号；界面布局是否要更加清晰明朗；等等。对于年轻化用户，则可以考虑进行更大胆的设计突破与风格尝试。

（2）性别比例。

性别比例很大程度影响了产品视觉风格的走向。某些特定用户群体的产品，比如小红书这类 App，女性用户数量要比男性多很多，主要消费者也是集中于年轻白领女性群体。进行这种具有特定用户群体的产品设计时，就要考虑是不是要更侧重于女性偏爱的一些亮丽色彩和风格，包括产品的整体视觉风格、运营推广风格等。

2. 产品使用场景分析（Where →需求场景）

要从用户的需求场景去考虑怎么设计产品。对于需求场景，建议从产品端、用户心理端、体验环境端 3 个维度考虑，这些都会影响产品设计的页面功能布局。

（1）产品端。

用户要利用产品完成自身需求，应熟悉该产品或服务使用的全过程。例如你要到当当网上买本书，那你完成买书需求的过程如下：打开当当网→首页搜索书名或关键词→进入商品列表→查看商品详情→加入购物车→付款购买。这个在产品端的使用场景，决定了产品设计的界面数量、界面操作逻辑等。另外，每个流程的使用频率和层级重要程度不同，如首页肯定和信息列表不是一个量级，这在一定程度上决定了在设计对应操作界面时，视觉表现力的轻重区别。

（2）用户心理端。

这涉及用户心理状态，如用户完成需求时可能的心理状态是平静、喜悦，还是焦虑等。部分产品在设计开始时，可能要考虑用户心理状态情况，负面心理状态下尽量不要再引起用户的反感，例如手机网络状态不好，设计的含有表情形象的占位图居然还是笑嘻嘻的样子，这明显不符合用户当时所处的心理状态。

（3）体验环境端。

体验环境因素比较复杂，因为涉及的真实生活场景千变万化，应该考虑到使用产品时各种地理因素、光线因素、使用过程中出现的异常情况等。例如，地理因素：拥挤嘈杂的地铁、安静的室内等；光线因素：室外强光下使用、夜晚弱光下使用等；操作因素：单手操作、双手操作……面对不同环境消费者处理的方式也不尽相同。例如，如果考虑用户单手或双手操作的场景问题，那设计师需要用到的知识就是手机交互操作热区，尽量把重要功能入口放在交互热区的重叠区域。

3. 产品功能定位分析（When →需求排期）

这部分不但研究用户功能需求分类，还研究用户的心理模型，根据产品定位和心理需求定位，选择最准确的产品精神设计方向，从而赋予产品灵魂。

有时在产品设计工作中会遇到下面的问题。

（1）设计进度无论怎么赶，设计需求变更还是一直不停地送到你手里。

（2）用户什么功能都想要，导致产品经理什么功能都要设计到页面上。

（3）你想出一个设计理念解析图，但是无从下手。

这时候，就需要我们进行需求定位分析。首先，对用户的心理需求进行分析，确定产品的用户心理需求层次定位，确定产品的精神和形象定位，根据产品定位确定产品的设计基因即关键因素，指导产品整体设计。

然后，对用户功能需求分类和优先排序，可根据不同行业特性，组合利用需求定位工具，找出产品性能和用户满意度之间的非线性关系，合理安排需求优先级，有效规划工作时间和项目排期。例如，了解用户满意度与需求具备度的级别划分，如图 8-8 所示。

图 8-8 满意度与需求具备度的级别划分

满意度是用来衡量用户完成某个需求后用户的满意程度；需求具备度是用来度量某需求在产品中被实现的程度。

4. 产品实现模型设计（How →需求验证）

在产品设计之前，需要解决的主要问题如下。

第一个问题：要理解用户最初的目标，梳理用户一开始为什么要展开某个活动、任务、动作或者操作。

目标不等同于任务和活动。目标是对最终情况的预期，而任务和活动只是达成一个或者一组目标的中间步骤。通过目标回头看产品设计问题，有助于避开毫无必要的任务或活动。

第二个问题：详细理解目标用户对产品使用方法的看法。

设计人员对呈现模型有较大的控制权，需要系统梳理和回顾原有的用户心理模型，特别需要详细化或更加具体化用户心理模型。设计者的一个重要目标应当是努力让呈现模型尽可能匹配用户心理模型。

第三个问题：研究用户及领域。

根据用户及使用情景进行建模，选定角色类型的过程决定不同人物模型对产品最终设计形式和行为的影响程度。用户界面应该基于使用场景和用户心理模型进行设计，而不是技术实现模型。这种设计方法提供的解决方案，能够满足用户的需求和目标，还能解决业务和技术需求。

一般情况下，开发人员的思维与用户使用时的思维是有一定距离的。开发人员思维考虑更多的是技术实现模型，即系统的运作方式、内在原理；而用户可能并不知道，也不需要知道系统的运转原理，只关心能不能用该产品快速、简单地解决问题即可。

第9章
产品功能实现路径矩阵与 FFAB 模型

产品功能的开发与技术实现模型有关,产品功能实现(操作应用)则以用户为中心,与用户心理模型有关。如何架起研发人员的功能开发与解决客户需求或痛点之间的桥梁呢?

本章重点介绍产品功能实现路径矩阵和 FFAB 模型,希望在研发人员和用户需求之间架好一座桥梁。

9.1 产品功能实现路径矩阵

在产品开发的实施过程中,研发人员可能不清楚产品功能设计开发的实现路径,导致新产品开发周期很长,不能如期交出合格的产品。这就像仅仅知道需要到达的目的地是远远不够的,还要知道到达目的地的路径,产品的设计开发也是如此。知道了产品的功能需求,如何找到产品功能需求的实现路径也很重要。

9.1.1 产品功能实现路径矩阵的含义

产品功能实现路径矩阵能够帮助研发人员开拓产品功能实现路径的思考。

产品功能实现路径矩阵由功能需求、最大痛点、逻辑分析、瓶颈、解决方案 5 部分组成,如表 9-1 所示。

表 9-1 产品功能实现路径矩阵分析矩阵

需求等级	功能需求	最大痛点	逻辑分析	瓶颈	解决方案
第一层级					
第二层级					

续表

需求等级	功能需求	最大痛点	逻辑分析	瓶颈	解决方案
第三层级					
第四层级					

1. 功能需求

功能需求是指通过大量调研或总结分析得出的，目标用户根据对某产品的认知结合其需要提出的需求。

2. 最大痛点

最大痛点是指用户最迫切需要满足的需求。对客户而言，他们关心的是你的产品能否解决他们的痛点，真正改变他们的生活。这时评判你找到的问题好坏与否的标准是够不够"痛"。只有在客户最痛的点上突破，才能在最短的时间内获得客户青睐。每个痛点都是客户面临的特定问题。痛点是问题，而需求是希望。

3. 逻辑分析

逻辑分析是指根据已知的情况、条件和常识等，去推理可能产生的结果，以弄清楚其背后唯一正确的思想结构。

4. 瓶颈

瓶颈一般是指整体中的关键限制因素，是事情发展过程中容易产生阻碍的关键环节。瓶颈在不同的领域有不同的含义。产品研发的瓶颈，是指在构成产品实现最终功能需求的一系列环节中，那个最影响目标功能实现的环节，就像瓶子的颈部一样是一个关口，再往上便是出口，但是如果没有找到正确的方向也有可能一直被困在瓶颈处。

5. 解决方案

解决方案就是针对某些已经体现出的或者可以预期的问题、不足、缺陷、功能需求等，所提出的一个解决整体问题的方案，能够确保产品理想功能的实现。

9.1.2　产品功能实现路径矩阵的应用

1. 需求等级排序

依据产品定位、产品精神等指定的产品研发方向，根据产品需求层次分析与定位理论，把目标客户群对产品功能的需求等级进行排序，这样能够在众多的需求前提下确定做哪一个、不做哪一个，先做什么、后做什么。

2. 找出用户最大痛点

通过访谈、数据分析等途径，可以较好地找出每一项产品功能需求的用户最大痛点。

3. 对痛点进行逻辑分析

紧接着下一步是对用户最大痛点进行逻辑分析，这里主要是从技术实现模型的角度，重新思考和梳理产品功能实现的技术逻辑，或是寻找更好的产品功能需求实现的技术逻辑，找出技术实现逻辑的关键环节。

4. 找出技术逻辑

通过技术实现模型实现逻辑分析，找出产品功能需求实现的技术逻辑最大的技术瓶颈。

5. 聚焦最大瓶颈，提出解决方案

人们经常会直接从产品功能需求的实现层面思考解决方案，往往因为太宏观，思维比较发散，难以找出理想的解决方案，如果层层分解，聚焦到一个具体的瓶颈，针对一个环节思考解决方案，往往就容易多了。

产品功能实现路径矩阵能够帮助研发人员快速、准确地实现产品的开发目标，如表 9-2 所示。

表 9-2　产品功能实现路径矩阵应用范例（某支付平台）

需求等级	功能需求	最大痛点	逻辑分析	瓶颈	解决方案
第一层级	资金安全性和可用性	用户在春节期间红包发不出去或很慢	分析发现，支付业务和传统的互联网业务非常不同，它的链条非常长，任何一个环节都可能导致我们的支付变慢	银行接口处理的并发量小，传统银行的设计无法满足互联网移动支付业务小额高频（1秒钟达到几万甚至几十万笔）的支付请求	重点优化了银行接口，使银行的核心处理系统满足支付业务小额高频的处理请求

续表

需求等级	功能需求	最大痛点	逻辑分析	瓶颈	解决方案
第二层级	用户体验：在用户支付业务使用中能够快速、清晰，并且能够在界面美观的前提下感到更舒服、更愉悦	提现到账的速度慢	赎回到账的速度竟然比其主要竞品慢很多	把从用户提现开始，到送交银行处理整个链条进行了逐步的拆解，发现在系统内部处理的时长高达半个小时以上，这是因为系统在处理提现到账的时候每一笔都要经过人工审查	优化了系统处理的方式，把人工审批变成自动处理，另外在安全性的考量情况下，上线了新的实时付款系统，从提交到送交银行，时间减少了半个小时以上，也把银行的批量处理接口进行了完善，使得用户提现几乎可以做到实时到账
……					

9.2 FFAB 模型内涵

案例分享

　　小李计算机的鼠标没电了，于是他到商店里买新电池。柜台里有两种电池，一种是国产电池，另一种是进口电池，进口电池比国产电池的价格贵一倍。小李犹豫了，不知是买进口电池好还是买国产电池好。这时售货员过来了，拿出一个国产电池和一个进口电池，在手上掂了掂后，说："先生您看，这个进口电池非常重。"售货员暗示买进口电池每分钟花的钱更少。"重"就是技术功能、特点与客户花钱少的桥梁。

研发对于公司可持续发展非常重要，但因为研发人员直接与客户交流的机会较少，并且研发人员的技术实现模型与用户心理模型的思维逻辑不一样，这样就有可能出现研发人员的"技术语言"与客户的"客户语言"不一样，甚至出现需求脱节的现象。

一个产品的价值绝不在于它有多少功能点，而在于为客户解决了什么问题，创造了多少价值或者节省了多少成本。客户的使用场景不同，需要解决的问题也不一样，如何向客户宣传并使客户信服呢？

一方面产品研发团队不知道产品未来的发展方向，无法先于客户需求去研发产品引领客户；另一方面运维项目组产品经理和市场营销人员为了在激烈的市场竞争中突出自己的产品，每年都在痛苦地"创造需求"，而研发人员疲于应付所谓的"客户需求"，沉迷于开发各种功能，这样便陷入了一种怪圈。

如何架起研发人员的功能开发与解决客户需求或痛点之间的桥梁呢？FFAB 模型就是一个连接"技术语言"与"客户语言"的纽带或桥梁。

FFAB 模型是一个把产品的技术（功能）特点转换为产品卖点的工具，反过来，也可以把客户产品的利益需求点转换为技术功能点。

F（Function）指产品的属性。

F（Feature）指产品的功能、特殊的卖点。

A（Advantage）指产品的作用。

B（Benefit）指产品能给客户带来的好处。这一点是客户最关心，也是最重要的，一定要把握住客户心里想要的东西。

按照这样的顺序来介绍，就是说服性演讲的结构，它达到的效果就是让客户相信你的产品是最好的。

FFAB 模型是将产品的特点与客户的利益连接起来的方法，把技术特点转化为客户的利益，形成产品的卖点。如图 9-1 所示。

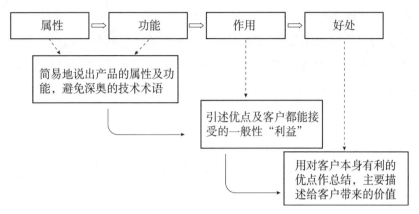

图 9-1　FFAB 模型各要素之间的关系

1. 属性（Feature）

　　是指产品或解决方案的特点，这些功能需要什么技术（属性）支持。人们经常把它翻译成特征或特点，很多销售人员至今还把它翻译成特征或特点。特征就是区别于竞争对手的地方，当销售人员介绍产品优点并将其与竞争对手的产品进行比较时，会让客户产生一定的抵触情绪。不应把 Feature 翻译成特征或特点，而应翻译成属性，即你的产品所包含的客观现实，所具有的属性。比如讲台是木头做的，这就是产品所包含的某项客观现实，所具有的属性。

2. 功能（Function）

　　是指解决客户的问题或痛点需要的功能，是因属性而带来的功能。功能在这里不仅仅直接强调产品的目的和用途，还强调产品所包含的属性导致的产品所具有的突出功能，例如某茶杯具有耐高温的功能，其原因是该茶杯采用了耐高温塑料。

3. 作用（Advantage）

　　很多销售人员把 Advantage 翻译成优点，优点是该产品比竞争对手好的方面，这自然会让客户产生更大的抵触情绪，因为我们所面临的竞争对手非常多，相似的产品也很多，我们的产品不可能比所有的产品都好。实际上，在销售中把 Advantage 翻译成作用会更好一些，这个"作用"更多地理解为我们产品的作用，即它能够给客户带来哪些用处。例如，茶杯采用耐高温塑料，即使装很烫的开水也不会炸裂。

4. 好处（Benefit）

是指为客户解决了哪些问题，给客户带来了哪些利益。比如，茶杯采用耐高温塑料的好处是普通玻璃杯盛放开水时非常容易炸裂，危及人身安全，使用该茶杯就可以避免这样的事故。

以该茶杯为例，FFAB 模型这样解释：这个茶杯采用耐高温塑料，具有耐高温功能，即使装很烫的开水也不会炸裂，保护您和孩子的人身安全。这样的逻辑结构是说服性演讲的结构，只有这样的结构才能让客户觉得产品满足了他的需求，并且愿意购买。

FFAB 模型的价值逻辑：

F → F 将"技术语言"转化为"客户语言"；

F → A 将"客户语言"转化为产品的作用；

A → B 将产品的作用转化为客户的好处。

FFAB 模型的含义如图 9-2 所示。

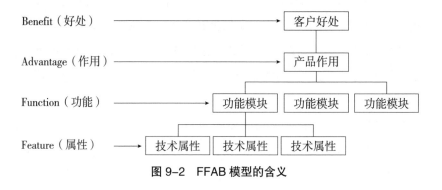

图 9-2　FFAB 模型的含义

9.3　基于 FFAB 模型的产品卖点挖掘

有的产品经理或市场销售人员因为不懂技术，所以即使知道自己产品的优点非常有说服力，但就是不知道如何说服客户。如何把技术人员的技术实现模型转换成客户的用户心理模型能接受的语言呢？FFAB 模型就能起到这个转换器的作用。好的做法是把产品经理、销售人员和技术开发人员聚在一起共同制作完成产品的FFAB模型，具体方法如下。

（1）构建产品的FFAB模型，就是建立FF、AF和BA三个区域相关联的"コ"模型，可在Excel表格中建立。

（2）首先以产品研发的技术人员为主，尽量多地找出本产品关键的技术属性F（Feature）。例如某公司稀油站设备的主要技术属性有三维立体软件设计、数控火焰切割机、抛丸机、万能弯管机、产品整体烤漆、金属盘式切割机等，将其填写在FFAB模型的第三个区域FF中。

（3）包括技术人员、产品经理和市场人员在内的全体人员讨论确定完成FFAB模型的第三个区域FF。首先找出某一项技术属性F（Feature）可能产生的产品功能F（Function），例如"加热器不结碳"这项技术属性会产生"油品清洁度好"这项产品功能，然后以此类推完成整个FF区域，如图9-3所示。

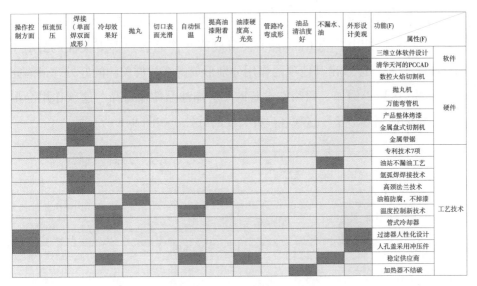

操作控制方面	恒流恒压	焊接（单面焊双面成形）	冷却效果好	抛丸	切口表面光滑	自动恒温	提高油漆附着力	油漆硬度高、光亮	管路冷弯成形	油品清洁度好	不漏水、油	外形设计美观	功能(F) 属性(F)	
												■	三维立体软件设计	软件
												■	清华天河的PCCAD	
					■								数控火焰切割机	硬件
				■									抛丸机	
									■				万能弯管机	
								■					产品整体烤漆	
					■								金属盘式切割机	
					■								金属带锯	
		■			■	■							专利技术7项	工艺技术
											■		油站不漏油工艺	
		■											氩弧焊焊接技术	
									■				高颈法兰技术	
							■						油箱防腐，不掉漆	
						■							温度控制新技术	
			■										管式冷却器	
■													过滤器人性化设计	
■													人孔盖采用冲压件	
										■			稳定供应商	
										■			加热器不结碳	

图9-3　FFAB模型的FF区域

（4）用同样的方法，讨论确定完成FFAB模型的第二个区域AF，即选取某一项产品的哪些功能F（Function）会形成哪些产品作用A（Advantage），然后继续找出其他的产品功能形成的产品作用，最终完成整个AF区域。例如，稀油站设备的"油品清洁度好"功能会产生"增加油品使用寿命"这项产品作用。如图9-4所示。

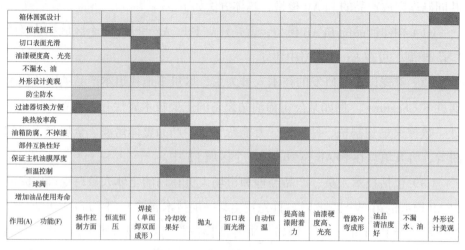

图9-4　FFAB模型的AF区域

（5）同理，讨论确定完成FFAB模型的第一个区域BA，即选取某一项产品的某一项作用A（Advantage）会形成哪些产品客户群更关注的好处B（Benefit）然后继续找出其他项的作用分别形成的客户群关注的好处，最终完成整个BA区域。例如，稀油站设备的"增加油品使命寿命"这项作用会形成"主机的使用寿命长"这项客户群关注的好处。如图9-5所示。

保证设备故障率小	安全	便于设备清洁	美观	便于维修	主机的使用寿命长	减少系统污染（减少换油）	减少换油	节能	减少运行成本、使用时间长	操作简单（人孔盖、过滤器切换）	好处（B） / 作用（A）
											箱体圆弧设计
											恒流恒压
											切口表面光滑
											油漆硬度高、光亮
											不漏水、油
											外形设计美观
											防尘防水
											过滤器切换方便
											换热效率高
											油箱防腐，不掉漆
											部件互换性好
											保证主机油膜厚度
											恒温控制
											球阀
											增加油品使用寿命

图9-5　FFAB模型的BA区域

（6）依据产品定位、产品精神等指定的产品宣传方向和重点，系统梳理评估通过 FFAB 模型 BA、AF 和 FF 三个区域推导出来的客户群关注的利益点 B（Benefit），并分析评估哪些客户群关注的好处在市场竞争中具有比较好的竞争力，甚至分析能否进行新品类的挖掘。利用关键因素评价排序方法，对客户群关注的好处进行评价打分，找出最具有竞争力的好处，进行产品广告语、宣传资料的开发。例如，通过稀油站设备挖掘出来的客户群更关注的利益点 B（Benefit）有主机的使用寿命长、保证设备故障率小、安全、便于设备清洁、美观、便于维修、减少系统污染（减少换油）等 11 项，其中通过评价确认主机的使用寿命长是客户最关注的好处，然后根据 FFAB 模型，梳理出主机使用寿命长的逻辑关系图，如图 9-6 所示。

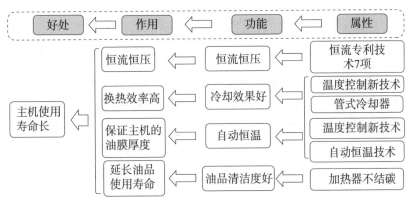

图 9-6 主机使用寿命长的逻辑关系

9.4 基于 FFAB 模型的新产品开发路径

一个公司的研发往往存在以下几个问题：一是研发前瞻性不足，存在技术方向和研发重心不明确，经常来回变动的现象；二是研发团队难以确认产品技术研发的技术属性，部分研发成员工作无法连续进行，很多研发工作是被动的，一直处于"救火"状态；三是缺乏系统化的产品规划方法论和开发思考路径，新技术、新工艺的研发存在盲目性；四是经常出现局限于技术，忽略了营销、产品、测试等问题，缺乏系统思维能力，导致部门间的协调不顺畅。

为了让产品研发少走弯路，本书构建了基于 FFAB 模型的新产品开发路径。

（1）构建产品的 FFAB 模型，就是建立 BA、AF 和 FF 三个区域相关联的"フ"模型，可在 Excel 表格中建立。

（2）首先以销售人员和产品经理为主，确定本产品的目标客户群，采用头脑风暴法，依据产品定位、产品精神等相关理论，尽量多地找出该产品客户群关注的好处 B（Benefit），填写在 FFAB 模型的第一个区域 BA 中的。

（3）讨论确定完成 FFAB 模型的第二个区域 AF。

（4）讨论确定完成 FFAB 模型的第三个区域 FF。

（5）系统梳理评估通过 FFAB 模型 BA、AF 和 FF 三个区域推导出来的每项产品技术属性 F（Feature），评估哪些技术属性已经具备，哪些技术需要投入资源进行攻关；估算每项技术属性攻克的时间与投入资金，并进行评价排序；最后，可按照产品线规划理论进行产品线开发的目标规划，分步骤开发与投入市场。例如，稀油站设备主机使用寿命长的技术属性 F（Feature）共有恒流专利技术 7 项、温度控制新技术、管式冷却器、自动恒温技术、加热器不结碳 5 项，其中恒流专利技术 7 项、自动恒温技术、加热器不结碳 3 项已经具备，那么温度控制新技术和管式冷却器两项技术属性就是要集中技术研发人员进行攻关的新技术。这样既为公司新产品开发指明了方向，也为技术开发人员指明了技术研发的方向。

FFAB 模型使用范例如图 9-7 所示。

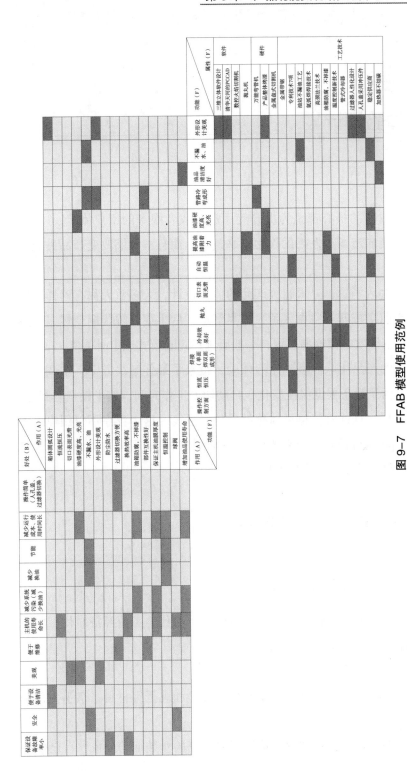

图 9-7　FFAB 模型使用范例

第 10 章
用户体验设计

任何品牌战略的核心都是为提升使用产品或者服务的用户体验，广告、形象和营销在当前市场上发挥的作用越来越小，而且不能够改变产品失败的事实。

基于真实生活场景，寻求超级产品的体验设计。大多数人都有这样的情境体验，夏天前半夜开着空调入睡，凉爽舒适，后半夜新陈代谢变慢，体感会逐渐转冷，继续吹空调容易感冒，一般要选择睡眠模式或定时关机。

美的公司的产品团队洞察到这一体验，带来了最佳解决方案：空调和风扇场景联动，两个设备根据温度变化，自动切换工作时间，前半夜空调制冷，后半夜风扇送风，这样就保持了体感的最佳舒适度。这个程序不仅用户可以在美的美居 App 自行预设，未来还可以根据用户的生活习惯自主调整。满足并提升用户体验，才是产品研发的原点。

10.1 用户体验与用户体验设计

10.1.1 体验经济时代到来

有人说，人类的经济社会经历了从农业经济时代、工业经济时代、服务经济时代到体验经济时代的发展过程。

以为小孩准备生日蛋糕为例：

在农业经济时代，妈妈拿自己家农场的面粉和鸡蛋等材料，亲手为孩子做蛋糕；

在工业经济时代，妈妈到商店花钱买混合好的盒装面粉回家，自己烘烤蛋糕；

在服务经济时代，妈妈去超市订购个性化的蛋糕；

在体验经济时代，妈妈不需要自己买蛋糕，也不用自己费心办生日晚会，把生日晚会交给别人去做，对方提供一条龙的服务，让他们为孩子策划、筹办一场难忘的生日晚会。

体验经济时代，用户体验为什么被重视？在这个时代，用户购买的不仅仅是产品本身，还是一种服务，一种情绪上、情感上、精神上的体验，享受"过程美"。

用户体验是指用户在使用产品过程中建立起来的一种纯主观感受。在体验经济时代，消费的趋势已经从购买产品转向了购买体验。如果用户体验不好，用户可以随时"另觅新欢"。例如，现在很多时候我们使用微信或支付宝给房东转账而不是去银行汇款，就是因为微信提供了更好的用户体验，足不出户就能完成交房租这件事情。

用户体验有如下主要功能。

（1）通过用户体验，建立用户对产品的信任，提升产品的品牌知名度。

（2）通过用户体验，让消费者了解产品、熟悉产品，这是用户作出购买决策的主要依据之一。

（3）通过用户体验找出客户的痛点或使用中的关键点，找出产品设计与客户期望的差距，洞察客户的真实需求和期望，寻找产品的机会点，提升产品的竞争能力，这些就是我们常说的用户体验设计。

10.1.2　用户体验设计含义

用户体验设计是以用户为中心的一种设计手段，是以用户需求为目标进行的设计。

用户体验设计一般有两种形式：一是针对已有产品，通过用户体验的测试与评估，对产品进行改进，以提高用户的体验满意度；二是针对全新的产品，以用户为中心，让用户参与设计，通过用户研究，提出设计原型，让用户进行体验，并不断改进和完善，直到满足用户的体验需求。

乔布斯说过，要从客户体验着手，再返回到技术层面。最重要的是让美好生活成为顾客界面，不限于产品的使用功能而更倾向于实现美好生活的向往。技术创新以顾客为关注焦点，投入研发力量满足各类客户的需求，降低设计开发成本。

顾客是企业产品最终的使用者，顾客的需求才是企业技术革新的发展方向。所以，我们应该系统研究用户体验设计，提升产品的竞争力。

10.2 HEART 模型

HEART 体验模型是 Google（谷歌）公司提出的，以产出更好的产品为目的，是用来衡量产品整体体验的度量评估模型。它包含 Happiness（愉悦度）、Engagement（参与度）、Adoption（接受度）、Retention（留存度）、Task success（任务完成度）5 个维度。

HEART 模型是一个比较全面和具备更多扩展性的分析框架。

10.2.1 HEART 模型的特性与应用场景

HEART 模型的特性在于以用户为中心进行度量，既包含宏观的愉悦度，也包含微观的任务完成度，同时关注产品的留存度，与业务目标保持紧密联系。

在评估方式上，既有定性评估的愉悦度，也有定量评估的参与度、留存度等，可对用户产品使用情况进行完整的评估。

10.2.2 HEART 模型的拆解

HEART 模型的拆解分为确定体验目标、确定度量维度、确定信号和确定指标 4 部分，如图 10-1 所示。

1. 确定体验目标

确定体验目标是体验度量的开始，准确的目标决定度量的质量。通常会引入产品功能等业务因素，并提炼多个体验目标，每个目标都必须准确而具体。

那么如何确定体验目标呢？

　　用户的整体体验感知积累于每一个接触点，一般用户与产品的触点很多，必须识别出达成业务的关键触点并进行深入分析，以提炼出体验目标。

　　具体思路是首先分析业务目标，对业务目标所落地的产品服务的链路进行拆解，拆解链路后找到其中对体验有决定性影响的因素，提取这些因素后即形成体验目标，如图 10-2 所示。

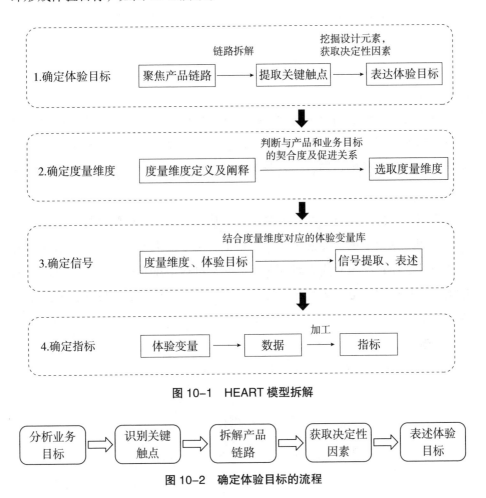

图 10-1　HEART 模型拆解

图 10-2　确定体验目标的流程

　　（1）分析业务目标。

　　业务目标是整个产品服务的最终目的，体验作为产品服务的重要评估维度，需要与之匹配。

　　业务目标与所选取项目的范围有关，从整个产品到特定功能模块都可作为参与项目。根据选取的项目来确定业务目标，如提升用户自主解决问题的能力，降低运营服务的压力等。

产品目标和体验目标可以共同服务于业务目标，从而实现价值。

示例

业务目标：提高设计工具中商品素材的查找效率，辅助家装设计师快速构建方案，提升产品签单率；优化现有商品素材的查找逻辑。

（2）拆解产品链路。

拆解产品链路是指将业务目标达成过程的逻辑呈现出来，并分析其跳转路径、操作触点。

整个产品链路是用户价值的直接承载，任何一个触点的失效都将影响到整条链路的顺畅和效率。就链路整体而言，触点越多、链路越长，操作成本越大；就某个具体触点而言，其效率、易用性、易理解度也将影响整体的价值传达。

为完整地拆解出整个产品链路，需要从用户侧、系统侧进行分析。用户侧代表用户视角下的功能使用流程，是主要考虑的维度，体现了以用户为中心的设计思路；系统侧代表系统在用户交互过程中需要执行的行为，是系统逻辑的直接体现。两者的交互作用，能完整表达信息的流转过程，最终体现在产品上。

示例

搜索商品素材链路如图10-3所示。

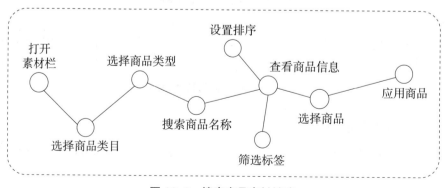

图10-3 搜索商品素材链路

（3）分析触点并提取决定性因素。

选取对整个链路有重要影响的触点进行设计维度的分析，以找出决定触点目标达成的决定性因素，这个决定性因素就是体验上需要着重优化的点。

在寻找决定性因素的过程中，应避免将系统性能、业务功能、业务信息因素筛选出来，而是需要聚焦在设计维度上，诸如交互行为、界面布局、信息呈现、系统反馈等。

示例

拆分出来的"确认输入行为""搜索结果分类""结果数量"等各种设计因素，哪些算是决定性因素呢？

简单的判断方式是反向判断，考虑缺失这个因素是否会对该触点有阻塞性影响。若有严重阻塞性影响，则证明该设计因素很大程度上决定了触点的目标达成，属于决定性因素；若设计因素有中等或轻微的影响，则可能不是本次优化的重点，不作为决定性因素。例如，"搜索结果分类"影响用户对搜索结果的信息获取，是决定性因素；"确认输入行为"是常规设计行为，不是决定性因素。

决定因素梳理示例如表 10-1 所示。

表 10-1　决定因素梳理示例

1. 交互行为	2. 界面布局	3. 信息呈现	4. 系统反馈
确认输入行为类目引导（决定性因素）	搜索预判页面布局 搜索结果区块划分	搜索结果分类（决定性因素）、标签分类 搜索结果数量	

（4）体验目标的提取与表述。

找到决定性因素及其作为决定性因素的原因后，需要为其设定一个设计目标，来指示应向什么方面优化这个决定性因素。决定性因素只是现有功能的一种解法，可能存在更优解法，我们需要基于决定性因素概括出设计目标，以新的设计目标来指引我们的优化设计。

示例

决定性因素"搜索结果分类"引申出的设计目标为"更清晰的信息层

级""更完整的信息"。

搜索结果分类示例如表 10-2 所示。

表 10-2　搜索结果分类示例

1. 交互行为	2. 界面布局	3. 信息呈现	4. 系统反馈
（1）简单的操作路径 （2）更好的易用性 （3）更通用的行为 （4）更易于理解的行为	（1）更舒适的界面布局 （2）更简单的布局	（1）清晰的导航 （2）清晰的信息层级 （3）更完整的信息 （4）更全面的信息	（1）更准确的信息反馈 （2）更快速的系统反馈 （3）更智能的反馈

通过链路触点的分析、决定性因素的提取、设计目标的匹配，我们已对设计优化方向有了准确的了解。这个时候需要从设计师视角作一个完善而精准的有关体验目标的表述。

一个体验目标需要与具体设计场景关联后才能产生具体而明确的价值，即设计目标落地到场景中产生价值，表述思路是在某个具体的链路触点中期望怎么达成这件事。可通过以下格式进行填写：什么用户 / 使用什么做什么时 / 通过设计目标 / 完成什么事。

示例

家装设计师 / 使用搜索功能搜索素材时 / 通过对结果展示清晰的信息层级 / 快速找到需要的商品。

2. 确定度量维度

引入 HEART 模型的重要原因在于它的度量维度，其度量维度多方位地表述了产品的使用情况。度量维度不是一种标准，而是一种分析框架和角度，决定了体验目标应该被如何度量，进而影响信号的确定和指标的拆解，因此度量维度的选取至关重要。

HEART 模型提供了 5 个维度作为可以衡量的视角。在实践过程中，每个体验目标所对应的触点的场景、交互、产品目的不同，我们只需要找到符合定义的维度即可。反过来看，一个与体验目标不相关、不匹配的度量维度也不能很好地度量体验。

需要注意的是，HEART 模型因其维度的广泛定义，不仅仅可用于体验目标的度量，也可以对产品目标、业务结果进行度量。

度量维度的解释如表 10-3 所示。

表 10-3　度量维度的解释

度量维度	定义	阐释
愉悦度	用户对产品的主观使用感受	用户在使用过程中的满意度如何，产品操作性、便捷性如何
参与度	用户使用产品的频繁程度	用户访问时长、频次如何
接受度	有多少用户真正开始使用该产品	用户的接受率是多少，业务转化率是多少
留存度	有多少用户愿意继续使用该产品	首次使用后留下来的用户占比是多少
任务完成度	用户任务的完成情况	任务完成情况如何，效率如何，有哪些障碍等

3. 确定信号

信号可以被定义为一种信息的载体，其承载的信息往往反映了用户体验目标的成功或失败，对信号的准确获取将直接影响到下游指标的确立。

信号的确定需以上游度量维度为标准范围，并以体验目标为重要判断依据，避免过度发散，在保证精准规范的同时，结合当前有无体验变量基准值作为条件，使用成功或失败的结果来评估体验目标的达成情况，最终提炼出信号。如图 10-4 所示。

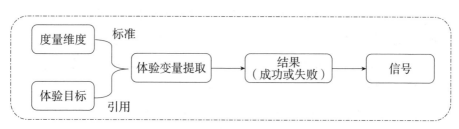

图 10-4　确定信号的过程

（1）以度量维度为标准并引用体验目标确定信号。

逐一对度量维度进行体验变量提取，有基础值则对比，无基础值则使用趋势的表述方式，结合业务目标的情况，概念性假设体验目标的正向或反向结果，最终通过标准的格式提炼出信号。

信号提炼可以用固定的格式：用户 / 用什么 / 做什么时 / 体验变量 / 趋势或数值。

（2）寻找体验变量。

基于 HEART 模型的整个分析框架，拆解出最高频和贴合体验目标的常见体验变量库。在此框架的指导下，可以快速寻找需要的体验变量。

度量维度与体验变量库如表 10-4 所示。

表 10-4　度量维度与体验变量库

度量维度	体验变量库
愉悦度	风格一致、功能有效度、功能效果、功能丰富、易操作、界面舒适
参与度	访问频次、停留时间
接受度	健康度
留存度	留存情况
任务完成度	任务时长、任务出错率、系统性能

示例

体验变量的易操作度有基准值：

家装设计师 / 使用搜索功能 / 搜索素材时易操作度 / 达到 4.2。

体验变量的易操作度无基准值：

家装设计师 / 使用搜索功能 / 搜索素材时 / 易操作度上升。

（3）确定信号的注意事项。

①信号的成功或失败要在行为或态度上准确地体现出来，失败信号可能比成功信号更容易定义。

②信号要易于被追踪。

③信号的敏感度要高，要易于被检测。

④信号应与目标有高的相关度，同时避免受其他因素影响。

⑤一个目标可能对应多个信号。

4. 确定指标

指标是衡量目标的参数，用于准确描述目标，但通常很难直接从目标中确定出指标，需要借助对信号的分析。信号是信息的载体，其中包含着变量信息，提取其中的变量信息即可获得一个初始指标。初始指标反映了客观的原生数据，对原生数据处理后，可得到一个能精准描述体验目标的指标。

指标确定流程如图 10-5 所示。

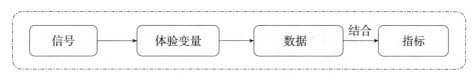

图 10-5　指标确定流程

（1）对数据进行处理。

体验变量直接产生的属于原生数据，而一组数据通过某种分析加工后可以成为更有价值的信息，如均值、中位值。选择对数据进行哪种处理方式，受目标的影响较大，每一种数据处理方式都有指向特征，通过与目标的匹配可以选出合适的数据处理方式。

（2）确定指标的注意事项。

①指标应与目标和信号密切相关，指标越明确、越清晰越好。

②指标应方便持续追踪，对信号的描述越敏感越方便测试。

示例

度量维度：愉悦度

信号：家装设计师使用搜索功能搜索素材时易操作性达到 4.0

体验变量：易操作度

数据：易操作度评分

指标：易操作度评分的均值

体验指标拆解如图 10-6 所示。

图 10-6　体验指标拆解

"问题定位"是监控目标的根据，必须来源于具体的业务链路才有被分析和量化的可能，它是体验问题在业务链路中被抽取出来的关键，并转化为可度量的指标来进行监控，最终为后续数据洞察和可视化提供准确的数据来源。若局限于主观意识，监控体系建立在不可靠的体验目标之上，当然也就不可能有助于解决体验问题。

"目标度量"运用 HEART 模型作为度量维度，相当于一种体验的定义标准，阐释了什么是它所定义的用户体验。HEART 模型以其全面的度量维度能很好地实践这一点。必须注意的是，对 HEART 模型的 5 个度量维度的细化阐释可能因不同产品特性、产品阶段影响而不同，最终转化出不同的客观指标。

"客观追踪"是对度量标准下客观变化的捕捉，捕捉其变量特征，建立常态指标，使其成为可靠的、可监控的指标。

参考业务目标进行范围收敛也是非常重要的工作，它影响着每一个推导环节，以避免偏离产品方向，有效地过滤弱关联或无关联的因素。

10.3　体验峰终定律

我们时刻都在体验：有些瞬间给你留下了美好的回忆，给你带来了影响一生的启示；有些瞬间则飞快消逝，完全不会给你留下记忆。

10.3.1　峰终定律的含义

如何总结自己的体验是好是坏？体验心理学中有个理论叫峰终定律，由诺贝尔奖获得者英国的丹尼尔·卡纳曼研究提出。他发现大家对体验的记忆由两个核心因素决定：一个是过程中的最强体验"峰"，另一个是最后的体验"终"。如图 10-7 所示。

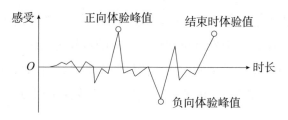

图 10-7 峰终定律示例

简单来说，我们体验一项事物之后，所能记住的就只是在"峰"（最好或最坏的体验）与"终"时瞬间的体验，至于其中不好不坏的体验，我们则常常忘记。比如你去迪士尼乐园玩，这一天里可能有大半天时间都在排队，还在园区花了大价钱吃了顿不怎么好吃的午餐，真正高潮的时刻占的比例很小，但是你过几天再回忆这段经历，想到的只会是激动人心的"飞跃地平线"和离开园区时看到的烟火表演，这就是为什么大多数人还是会给迪士尼的体验打上高分。

宜家的购物路线也是基于峰终定律设计的。它有一些不好的体验，比如商场路线复杂，哪怕只买一件东西也可能需要走完整个商场；店员很少，顾客经常得不到帮助；往往需要排长队结账。然而，它的峰终体验是好的，它的"峰"就是过程中的小惊喜，比如设计优秀、性价比很高的小产品，根据家庭实景布置的产品展区，美味又好吃的食物；它的"终"就是在出口处只卖 1 元钱的甜筒。如图 10-8 所示。

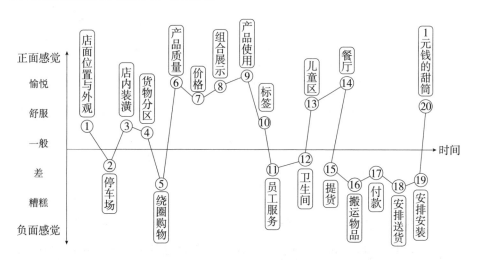

图 10-8 消费者去宜家购物的体验

1元钱的甜筒看似赔本，却为宜家带来了极佳的"终"体验，成为人们记住宜家的一个标记，当消费者再回忆起宜家的购物之旅时，会觉得整体行程都非常棒。峰终定律的发现和应用，能够使企业经营者和服务提供者更好地理解顾客体验的关键因素，并基于这些关键因素来改进用户体验。

10.3.2　通过设计行为来改进体验

体验本质上是一种主观感受，影响一个人感觉的因素很多，而且很多时候不太可控。因此，当谈及体验设计时基本上会从行为设计入手，通过对顾客行为和认知的引导来达到提升体验效果的目的。

那么顾客的行为由哪些因素决定呢？

相关的理论被称为行为设计学，由斯坦福大学教授福格研究提出。他还提出了一个关于行为发生的模型：

$$B=MAT$$

行为（Behavior）由动机（Motivation）、能力（Ability）、触发（Trigger）3个因素互相影响产生。如图10-9所示。

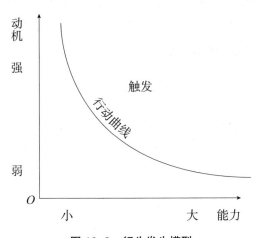

图 10-9　行为发生模型

这个模型认为，一个人实施某个行为，受以下3个要素的影响。

（1）动机（Motivation）：这个人必须自己想做这件事——需要有意愿。

（2）能力（Ability）：这个人必须能做到这件事——流程要简单。

（3）触发（Trigger）：适当的时候要提醒他做这件事。

现在的商业模式几乎都在应用行为设计学，行为三要素必不可少，但重要程度不同。动机越强，难度成本越低，目标越容易达成，用户的配合度与满意度也就会越高。如果一个用户的意愿很强，他做这件事又特别简单，你的提醒又恰到好处，那就会有一个特别好的效果——他会养成做这件事的习惯。

作为一个商家，你是应该把主要精力放在提升消费者的意愿上呢，还是放在简化流程上呢？

福格教授告诉我们，简化流程才是最应该做的。

提升意愿是很难的，一个没有意愿、没有兴趣的人是很难被说服的，多次劝导反而会引起他的反感。如果你的产品有很多潜在用户，他们本来就是感兴趣的，但是不方便购买，那么想个办法让他们容易购买或是产品在使用过程中容易操作，效果将会事半功倍。

微信红包能够在短时间内成功是因为它足够简单。抢红包时手指按一下就行；发红包也很简单，以至于很多人通过发红包的方式来达到付款的目的。

为了培养顾客的习惯，行为设计学给出了两条经验。

第一，让顾客第一次接触的时候就留下很好的印象。

第二，让顾客经常能获得一些成就感。

第一印象很重要，而成就感则是促使用户持续使用或购买的动力，这都是站在体验的角度给出的解决方案。

10.3.3　构成峰值体验的要素

如何结合峰终定律更好地进行行为设计？在希思兄弟《行为设计学：打造峰值体验》一书里，就专门研究了这个问题，并提出了不错的解决方法，简单又实用。

书中将那些令人愉快的峰值时刻大致包含 4 种情感：欣喜感、认知感、荣耀感和连接感。在重要时刻使用用户产生其中一种或几种，便能打造让用户难忘的峰值瞬间。

1. 欣喜感

欣喜感其实是指超出预期的感受，也就是惊喜。制造欣喜感有 3 个方法：提升感官享受，增加刺激性，打破既有流程。

提升感官享受在生活中很常见，例如婚礼中的鲜花、音乐和舞蹈，年会、毕业典礼、私人派对上的着装要求。这同时是一种仪式感，让某一时刻与其他时刻不同，让人重新审视和重视某件事。

增加刺激性和打破既有流程都是为了制造惊喜感，具有挑战性的事情与平淡的任务相比更有刺激性。为什么那些进行体育训练的人每天的训练特别辛苦但是一天到晚特别有动力，而某些在校学习的学生其实没有他们劳累但却常常萎靡不振呢？因为体育训练有比赛，而学校的日子太枯燥，虽然学生有考试，但是考试没有观众，无法颠覆学生对于平淡学校生活的预期。

熟悉感和难忘度往往是此消彼长的，如果要为消费者打造值得铭记的时刻，就必须打破原有流程和预期制造惊喜。

2. 认知感

认知是指让人意识到自己的能力。既然行为要素之一是能力，那么让顾客主动意识到自己具备达成某件事的能力，或者赋予他们某种使命感，会大大提高其行为完成的可能性并提升体验效果。

人们在支付宝蚂蚁森林不停收集能量，因为它告诉用户每一个消费行为、每种一棵树都能为防止荒漠化做出一份贡献，每一次低碳行为都会获得绿色能量，并且每一棵树苗都有专属的编号，所以用户也认为自己确实为环保事业出了一份力。帮助消费者打造这样自我认知的时刻，帮助他们收获新知，实现成长，消费者对于这个产品的体验肯定终生难忘。

3. 荣耀感

荣耀感来自认可，来自里程碑的设立，以及完成目标后的成就感。最常见的例子是游戏中的勋章或头衔设计，其需要用户达成某项任务之后获得，能够提高用户在完成过程中的成就感。

笔者儿时特别喜欢收集烟盒，朋友中也有同道中人，大家会时不时地打开装满烟盒的纸箱仔细欣赏。实际上，这些烟盒没有任何实际用途，即使收集得再多也没有任何奖励。那大家为什么还愿意收集这些无用的烟盒呢？很大的原因是集齐烟盒也是一项挑战任务，完成这项收集任务，得到的是满满的成就感。

4.连接感

连接感，即和他人一起共享美好或痛苦时刻。很多实验证明，如果一个团队一起经历过困难的时刻，一起奋斗、挣扎过，这个团队的凝聚力会特别强。

同样，在顾客行为设计中，通过增加品牌和消费者的连接感，可以让体验更佳。以可口可乐的私人定制瓶为例，品牌企业把瓶身广告的命名权授予了消费者，消费者通过自己的个性化创造，制造出一瓶自己的可乐。这种与品牌共同创造产品的体验是非常正面的，这个转换和再创造的过程也满足了消费者对于创造的欲望。

在消费体验时代，消费的趋势已经从购买产品转向了购买体验。很多高级消费都是在购买体验，比如出去旅游、参加音乐会、到现场观看重大比赛等。对于企业来说，体验就是商机，注重顾客行为和体验带来最直接的好处就是提升品牌黏性，产生利润，从而在市场竞争中获得领先。

10.4　用户体验衡量与评估

10.4.1　用户体验的衡量

1.衡量体验的指标

体验在很多场景中体现的都是用户对产品的主观感受。最开始判断体验的指标很抽象，后来人们把抽象的指标和具体的数据相结合，通过数据去衡量，比如页面访问次数、用户停留时间、产品加载速度等。

在工作中常会用易用性、满意度等维度，结合后台数据，通过这种方式进行用户行为分析来评估用户的体验指标是否达标。

2.衡量体验的维度

为了方便分类，我们把衡量体验的所有指标都按照用户感受、用户行为、系统表现 3 个维度进行度量，如图 10-10 所示。

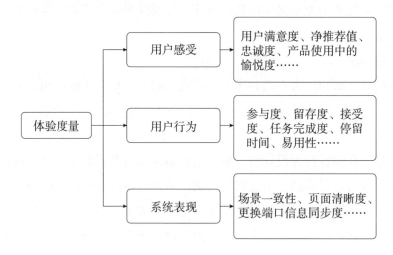

图 10-10　衡量体验的维度

3. 不同形态的产品体验目标各不相同

不同细分类型、不同生命周期的产品，对于用户感受、用户行为、系统表现各个指标的偏重有所不同。

如协同办公类的产品更注重协同性，而数据产品更注重易理解性和一致性；初创期的新产品需要容易上手，对易学性要求较高，而成熟期的产品可能更需要考虑各个角色的需求满足度。

4. C 端（消费者端）和 B 端（企业端）产品的体验目标不同

市场上的产品主要分为 C 端产品和 B 端产品。因为两类产品的用户属性、产品定位不同，所以两类产品的体验目标也不同，最大的区别在于用户、体验、数据上的不同，如表 10-5 所示。

表 10-5　C 端产品和 B 端产品的体验目标比较

序号	维度	不同特点	侧重点
1	用户	B 端用户是集体	受性别、年龄、区域等的影响较小
		C 端用户是个人	需要精细化用户画像，用户的年龄、职业、文化程度、收入、个人喜好等都不同

续表

序号	维度	不同特点	侧重点
2	体验	B 端产品追求实用	追求功能简单、实用、高效，为达成管理目标可牺牲体验
		C 端产品追求极致	追求极致体验，如视觉效果等
3	数据	B 端产品追求准确	更关注企业管理、运营指标，追求数据上的准确
		C 端产品追求数量	用户群数量大，追求客户增长

（1）C 端产品体验的侧重点。

C 端产品通常指消费者或者个人终端用户使用的产品，例如微信、QQ 音乐等。因为 C 端产品的用户忠诚度较低，"一言不合"就换产品使用，所以为了留住用户，各大产品不惜成本追求极致的体验。帮助用户解决需求的同时，与其他竞品相比整体体验相对有趣是现在 C 端产品的体验目标。如图 10-11 所示。

图 10-11　C 端产品的体验目标

（2）B 端产品体验的侧重点。

B 端产品通常为企业员工或商家使用的系统或平台，具有链路冗长、操作复杂等特点。B 端产品的体验核心是降低用户上手门槛，提高产品的工作效率。帮助用户高效地完成工作任务是现在 B 端产品的体验目标。如

图 10-12 所示。

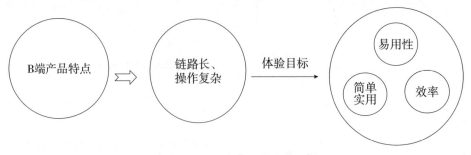

图 10-12　B 端产品的体验目标

10.4.2　用户体验的评估

评估用户体验的指标有很多，在行业内最为常用的 3 个比较主观的体验指标是客户满意度、净推荐值、客户费力度。这 3 大评估指标分别代表体验设计的设计价值、商业价值以及产品价值。

1. 客户满意度（CSAT）

客户满意度是最重要的衡量指标。在生活中随处可以看到关于客户满意度方面的调研功能，比如送完外卖对店家和送餐人员的服务的点评等。

优势：客户满意度的扩展性非常强，可以用于询问用户各种问题，可以看整体的产品体验满意度，也可以看具体的某个功能的满意度。

劣势：客户满意度对未来行为的预测是比较差的，能够体现用户对产品短期内的态度，但无法体现用户对产品的长期态度。

产品的整体满意度可以细分为各因素的满意度及其重要性，重要性指的是各因素满意度和整体满意度的相关性。因此，需要知道哪些因素会影响用户对产品的整体满意度。

具体方法：确定净推荐值指标→确定满意度因素→设计问卷并发放→计算满意度和重要性→建立四分图模型→结论。

以某 App 为例，通过与各个部门沟通，向他们收集可能影响用户满意度的因素，这里每个因素的满意度都会间接影响到用户对 App 的整体满意度，如图 10-13 所示。

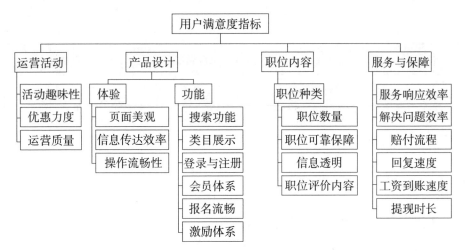

图 10-13　某 App 满意度指标

可以通过数据定位用户满意度在哪块较低，从而进行针对性优化，具体梳理过程如下。

（1）满意度分析。

①整体满意度：你对 App 的满意程度（1~10 分）。

②各个因素满意度：你对产品设计的满意度（1~5 分）；你对信息传达效率的满意度（1~5 分）；你对页面美观的满意度（1~5 分）；你对操作流畅性的满意度（1~5 分）……

（2）数据分析。

可使用 SPSS 工具，计算出各因素的平均满意度和整体满意度的相关系数，即各因素的重要性，如表 10-6 所示。

表 10-6　满意度和重要性

序号	因素	满意度	重要性
1	职位数量	3.50	0.83
2	操作流畅性	2.40	0.72
3	客户响应速度	4.50	0.23

序号	因素	满意度	重要性
4	赔付机制	3.20	0.32
5	报名进度	2.20	0.45

每个因素都会计算出两个指标——满意度、重要性。"满意度"代表这个因素的独立满意度。"重要性"代表这个因素的满意度和整体满意度的相关性。同理，将各个因素进行组合分析。

（3）四分图模型构建。

构建四分图模型，横轴为满意度，纵轴为重要性，将各个因素按其数据代入图中，即可得到一个四区域分布的图，称为四分图模型，如图 10-14 所示。

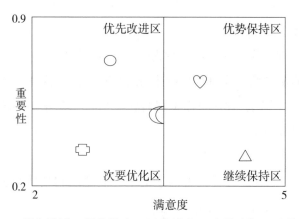

○ 服务投诉 △ 操作体验 □ 运营活动 ♡ 产品功能 ☽ 职位

图 10-14 四分图模型

这个模型客观反映了我们需要优先改进的地方、有优势的地方、优先级不高的地方，以及继续保持即可的地方。

（4）不同类型业务评估。

采用同样的方法，通过构建四分图模型对不同类型业务进行评估分析，如图 10-15 所示。

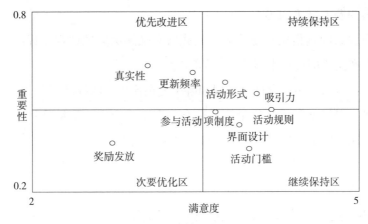

图 10-15 各因素满意度及重要性分布

从图 10-15 中可以看到，需要优先改进的是活动真实性和更新频率。它们的重要性很高，但满意度却较低，因此需要重点关注这两个方面的优化问题。

2. 净推荐值（NPS）

净推荐值由贝恩咨询公司客户忠诚度业务的创始人佛瑞德·赖克霍德于 2003 年提出，把用户分为推荐者、被动者和批评者 3 类，可以通过计量用户推荐意愿的强烈度来判断用户的忠诚度。

优势：常被作为未来的客户满意度指标，能精准地测量某一项的客户满意度且更为直观；可用于衡量用户长期的幸福感，也可用于评估全链路、全流程的客户满意度，判断用户忠诚度。

劣势：虽然指标最为直观，但度量的问题往往只有用户视角，比较狭隘，而且设计的问题也不能证明推荐者会真的推荐，所以得到的结果并不一定与用户在现实生活中的推荐行为相关。

当我们想知道用户对产品有什么意见或对产品是否满意时，常常会通过用户调研的形式去了解用户的真实感受。在用户调研中，一个非常常见的问题是"您是否愿意将'×××'（产品名）推荐给您的朋友或者同事"。这个问题调研的就是净推荐值，也叫 NPS，旨在了解用户对该品牌或产品主动推荐的意愿，是一个常见的评估用户忠诚度的指标。

3.客户费力度（CES）

客户费力度是指用户使用某产品或服务来解决问题的难易程度，用于询问用户在产品使用过程中高频出现的问题。

优势：帮助产品在设计时发现和解决复杂流程中的问题。

劣势：对于衡量产品质量比较适合，但不适合用于衡量品牌在用户心目中的价值地位以及挖掘用户真实的评价和需求痛点。

测量客户费力度问一些简单的问题即可，例如"您需要费很大劲才能解决 ××× 问题"，可采用 5 分制打分给出对此表述的同意程度：1= 非常不同意，2= 不同意，3= 中立，4= 同意，5= 非常同意。

10.5 用户体验地图

用户体验地图是一种用于梳理用户场景和体验问题的设计工具。通过用户体验地图，产品经理能更好地观察用户在使用产品时的一些动作，让产品的设计参与者、决策者对用户体验有更为直观的印象。其本质是以用户为中心，对用户洞察、对业务目标深入理解，找到用户的痛点，触发创意和发掘新的需求，使用户更容易获取产品价值，帮助企业获得成功。

为什么要做用户体验地图？

（1）避免产品设计者只从自己或决策者的视角考虑问题，而真正考虑用户需要什么。

（2）帮助梳理场景中可能存在的问题，精准地找到用户的痛点，使产品优化更加有的放矢，提升用户体验效果。

（3）有助于创建一个共同视角，使团队中各环节的人员都参与进来，对用户行为、痛点等内容达成一致，认同感强，对产品的用户体验达成共识，做到有效沟通和协作。

10.5.1 用户体验地图及其价值

1.用户体验地图的含义

用户体验地图是用视觉化的方式，以叙述故事的方式来描述用户与产品、服务、系统交互时的体验和关系，以此来帮助理解用户需求和寻找用户痛点。用户体验地图能够记录用户从使用产品到离开产品的全部过程中的情绪体验，从中洞察到机会点，帮助企业建立更好的用户体验。

用户体验地图采用两种强大的方法——讲故事和可视化。这两大方法是用户体验地图必不可少的，能使人以记忆深刻、简洁明了的方式传达信息。创建一个完整的用户体验地图，将不同的数据点聚集在一起并可视化，能够促进相关参与人的协作、沟通和挖掘新价值点。

2. 用户体验地图的价值

用户体验地图可以帮助企业理解用户，明确用户使用产品的整个路径和感受，从而帮助其作出产品设计决策。用户体验地图分为用户、用户与产品、产品机会点 3 部分内容，如图 10-16 所示。

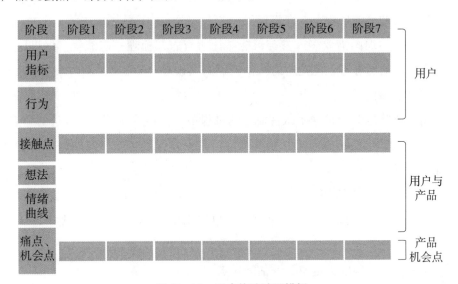

图 10-16　用户体验地图模板

体验地图的价值包括以用户的视角审视体验过程、促进洞察内化和跨角色合作、情感化设计，以及从全局角度去定位、评估问题点。

（1）以用户的视角审视体验过程。

大多数产品工作人员都习惯性地沉浸在自己的产品构建的逻辑世界中，以各自的视角去开发产品功能，把功能罗列上去，以为用户就会在这个规则中完成任务，其实用户感觉很迷茫，甚至想抛弃你的产品。

在用户体验地图中，参与者需要切换成用户视角，可以选择和精确定位用户的体验点，触发更多的创意点和挖掘更多的新机会。例如，某公司研发一个高级的木质挂衣钩，用户视角就是"买回来—装上去—直接使用"。继续挖掘其中的点，目前的挂衣钩需要打孔才能装，这里就衍生出两个方案：第一个方案，设计已经打好孔的木质挂衣钩，可以直接安装，操作起来方便；第二个方案，把安装工具和木质挂衣钩一起卖，用户安装成本会比较高。

（2）促进洞察内化和跨角色合作。

产品经理更关注在 KPI 的压力下自己的需求有没有被满足，研发人员更关注自己能力的技术实现，用户则更关注产品功能体验和美观程度。在这种多角色、易冲突的环境下，很难作出一个人人都支持且认同的决策。

用户体验地图需要多人参与，能够让所有人都梳理一遍流程，促进跨部门协作、沟通与思考，能把所有人都拉到同一频道。

（3）情感化设计。

用户体验地图能帮助团队在梳理的过程中，找到重新设计与改进的节点，挖掘用户在其中的情感需求，精准锁定产品引发强烈情绪反应的时刻，也就是惊喜时刻。

回到前文所述的例子，如果你卖的挂衣钩已经打好孔，直接安装即可，不用费过多精力，那就是惊喜时刻；如果使用了另一个方案，就要考虑买这个东西的人会不会用安装工具，会不会浪费过多精力。

（4）从全局角度去定位、评估问题点。

产品经理或设计师往往单纯从产品功能出发，通过数据或用户反馈割裂地看每一个模块，很难做到整体系统体验的提升。一直处于"头痛医头，脚痛医脚"的优化中，就不能从全局视角出发挖掘更多的潜在机会点。

用户体验地图可以让相关人员在产品需求探索的过程中，能够从全面、全局的角度去定位、评估问题点，并且从中找出潜在的机会点，解决用户痛点问题。

具体总结如下。

①将模糊的需求拆解为多个要素，以"文字＋图形"的方式表达出来。

②评估当前产品和服务的状态以及预测未来可能出现的情况。

③发现体验过程中的痛点，寻找创新机会。

④帮助团队更好地交流和讨论，提炼出更好的决策和设计方案。

10.5.2　用户体验地图的绘制过程

绘制用户体验地图，一般分为 8 个步骤，如图 10-17 所示。

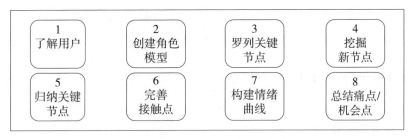

图 10-17　用户体验地图

1. 了解用户

有时候产品的用户角色比较多样复杂，在资源和时间有限的情况下，首先要跟团队成员就"目标用户是谁"达成一致，避免后续产生争议。如果需要进一步聚焦定位用户，应优先考虑高价值且对产品长期发展有利的用户，优先提升他们的体验感。

了解用户的常见方式有用户访谈、查看用户投诉记录、询问客服、查看用户在社交媒体上的评价、调研竞品、定性定量调研等。比如通过一个看电影软件上的用户投诉评价，可以了解用户心声，甚至在评论区能找到产品的痛点，如图 10-18 所示。

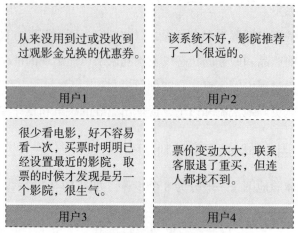

从来没用到过或没收到过观影金兑换的优惠券。	该系统不好，影院推荐了一个很远的。
用户1	用户2
很少看电影，好不容易看一次，买票时明明已经设置最近的影院，取票的时候才发现是另一个影院，很生气。	票价变动太大，联系客服退了重买，但连人都找不到。
用户3	用户4

图 10-18   用户调查范例

上面用户 2 和用户 3 提出的评价属于同一类问题——关于用户定位准确性的问题。用户访谈可以面对面，也可以电话沟通，这样能够尽可能获得最直接、最准确的用户信息。

2. 创建角色模型

明确了目标用户后，接下来需要工作人员从用户视角分析产品，根据产品的主要目标进行用户分类，通过分析从"带着需求"来到"完成目标"走的核心场景路径，梳理出故事场景表格，为每个用户创建用户模型（包含需求、期望、痛点），每个角色将对应不同的用户体验地图。

3. 罗列关键节点

罗列出用户体验产品过程中的关键节点及其对应的用户感受。通过头脑风暴，挖掘新的关键节点。每个阶段都有不同的用户目标，以一次旅游网上订房间为例，主要分为 3 个阶段：入住前、入住中、入住后。在这 3 个阶段里面又细分为一些节点，根据每个节点就可以知道用户在各个阶段的目标。如图 10-19 所示。

阶段		入住前			入住中	入住后
	了解产品	找房	订房	订房后、住前	住中	住后
用户目标	·了解产品提供哪些服务 ·了解产品有哪些优点	·性价比高、干净、氛围好的房子；交通方便 ·周边环境好，配套设施齐全	·付款方便易操作 ·能正常退订	·顺利办理入住 ·图文符合实际情况	·卫生条件好/打扫干净 ·安全、设备正常使用 ·交通便利	·顺利退房 ·退还押金

图 10-19　用户体验的阶段

4. 挖掘新节点

采访者在了解用户背景信息后，有代入感地引导用户，按照构建的角色模型和预设的场景进行操作，从而观察用户在整个过程中的行为。在操作期间，可以问用户以下问题：你点击它做什么？进入后跟你想象中的一样吗？你现在心里的想法是什么？如果让你给这个功能打分，它能得几分？你有用到过别的产品能很好地满足你这个需求吗？在这个环节，除了听用户体验中的表达，更要多观察用户的行为、表情、语气，应该及时地记录用户的触点、行为、痛点、机会点等，并深度分析背后的原因。

应该继续完善和挖掘更多新的关键节点，尽量使关键节点种类更加丰富。思考用户在整个节点中的一系列行为是不是有断档的，是不是闭环。在整个过程中，应该进一步挖掘新的优化点，让 App 更充实、更丰富。

用户行为挖掘示例如图 10-20 所示。

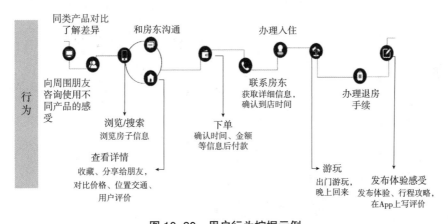

图 10-20　用户行为挖掘示例

5. 归纳关键节点

对关键节点进行归纳分类、筛选，移除重复、没有价值的内容或环节，例如在整个旅游过程中，付款就是一个关键性节点。

6. 完善接触点

对于之前总结归纳的关键节点，分析使用场景有哪些，用户产生接触点的环境有哪些，例如网站、手机客户端等。

接触点示例如图 10-21 所示。

接触点	百度搜索、官网、应用市场、App	首页、搜索、发现页、详情页、消息页	收藏页、付款页面
	详情页、线下	线下、客服电话	我的订单、评价、发现页

图 10-21　接触点示例

7. 构建情绪曲线

情绪曲线用以描述用户在整个体验过程中的情感变化，量化描述各个环节的用户体验值。把"问题点"和"惊喜点"放到对应的行为节点上，并以颜色进行区分。

情绪曲线示例如图 10-22 所示。

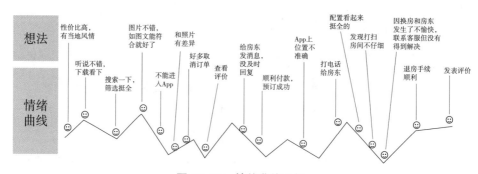

图 10-22　情绪曲线示例

8. 总结痛点 / 机会点

（1）行为：用户进入后需要做的事情。

（2）想法：操作时用户内心的想法。

（3）情绪曲线：用户感觉非常惊喜，超出自己预期的体验。

（4）痛点：挫折、破坏体验的感受。

（5）机会点：通过痛点挖掘出的解决方案。

分析用户体验的全部过程后，总结客户痛点，并进行重要性排序，基于痛点分析，挖掘更多产品创新的机会点。

痛点／机会点示例如图 10-23 所示。

痛点/机会点	·不知道如何获得可信信息	·分享后不能跳转进入 ·大段文本，难区分重要信息 ·每家退订规则千差万别	·业务意识需提升 ·沟通流程
	·位置描述不够清楚 ·实际房间和图片有差别（卫生、环境、气味）	·房东态度、卫生等没有保证 ·官方客服处理纠纷不及时	·没有跟进问题用户

图 10-23　痛点／机会点示例

用户体验地图绘制完成不等于用户体验结束，报告生成后，要积极与各部门的参与者沟通，针对痛点设计多个解决方案，并对解决方案进行评估。如果一次性产出较多的问题点，应该划分优先级，并按计划分布落地。

用户体验地图示例如图 10-24 所示。

用户体验地图不仅能使我们从用户视角进行产品设计，还能够避免"头痛医头，脚痛医脚"的工作方式，发现新的场景和机会点，帮助我们站在全流程的角度，收集用户的接触点、行为、想法、痛点。

用户体验地图的每个环节都与用户有关，能够帮助我们从用户的角度来审视体验过程，可以让大家都参与进来，促进跨部门、跨角色的合作，可以协助团队锁定"惊喜时刻"，使其可以更好地去定位痛点、解决痛点、找到机会点。欧洲铁路体验地图如图 10-25 所示。

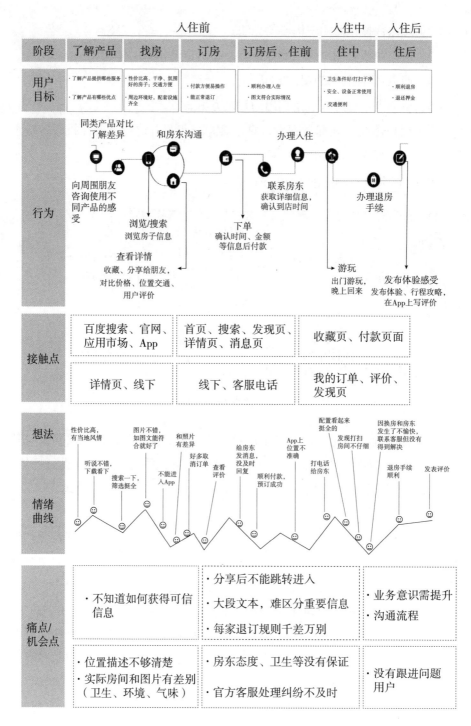

图 10-24　用户体验地图示例

人们选择铁路旅行因为它简单、方便、灵活	订票只是整个旅行过程中的一部分	人们会跟随时间制订自己的旅行计划	客户价值服务是体面、高效、个性化的服务

用户旅程

阶段	攻略&计划	购票	订票	订票后、出行前	出行中	出行后	持续关注改票的退款	分享经验

行为	研究目的地、线路、产品	输入行程　查询车票　勾选"有通票"	确定行程	选择支付	选择支付	核对&确定	行动，意料之外的变动

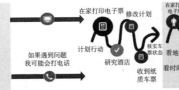

想法	什么是方便的环游欧洲的方式?我要去哪儿?每个地方大概要花多长时间?	我想得到优惠的价格，但是我已做好第一次多花钱的准备了。整个旅行要花多少钱?	我已经准备好所有东西了吗?网站简单又友好，但是当出现问题时，我得不到帮助。如果我的票没送到，该怎么办?
	我只能拿到一班火车票，不能拿其他班次，现在该怎么做呢?我是在正确的火车上吗?如果不是，下一步怎么办?	尝试去退没用过的票，不确定能不能得到退款。人们肯定会喜欢这些照片的下次我会更仔细去探索路线和活动。	

感受	非常期待去欧洲。我可以看到我想要的所有东西吗?如果我经济上负担不起怎么办?我不想做错误的选择。	没办法相信旅行顾问，我能确定这就是我想要的旅行。	网站的体验很好，但不知道车票是电子票还是纸质车票，也不确定车票会不会及时送到。
		非常期待和朋友分享假期故事;但回家还要处理车票退款的问题，很郁闷。	

体验

机会点

整体	计划、预定、购买		订购后、出行中、出行后	

提供清晰的价值定位	让用户得到他们想要的帮助	支持客户创建自己的解决方案	让用户随看时间制订计划	计划和预定时行程可视化	给用户配备支持决策的信息	提升纸质票的体验

使用户在欧洲也可以计划和预定

让你的客户成为更好、更自在的旅客	有明确目的的让社交媒体参与	在网页上连接计划、预定、购买在合理的时间内合计运费	主动帮客户处理变动	实时明确交流状态

图 10-25　欧洲铁路体验地图

10.5.3 打造良好用户体验的途径

现代商业竞争的重点，正在逐步由品牌与渠道的竞争过渡到产品竞争，谁能打造出令人感动、惊喜的产品，谁能自始至终把用户体验放到第一位，谁就更有可能成为这个时代的"王者"。

基于全民消费升级的大背景，能够积极思考如何给用户最好的用户体验是一件值得坚持的事情。

1.用户的认知体验优化

（1）通过减少认知超载，提升用户体验效果。

最好的用户体验设计，应该是用户察觉不到的。在交互界面中，它的出现自然而平滑，但是在现实中，许多关键设计的初衷却是为了引导、有趣和避免出现问题。复杂和混乱的交互界面迫使用户去寻找解决问题的方法，而通常情况下，这些方法并不是一目了然的。

优化方法如下。

①简化流程，减少用户操作的麻烦。

②减少过度刺激，去除一切不必要的东西。一般情况下，只保留必须存在的东西才是最佳的，可以减少加载时间并让用户体验更加流畅。

（2）放弃令人费解的文案以及很难找到的功能。

有些交互界面或功能，即使用户用尽所有的办法，依然找不到。这类页面或功能就可以直接放弃了，因为其让用户浪费脑力找出"我要做什么"。

优化意见如下。

①以用户为核心，参考用户心理模型进行科学分类。

②避免一个功能套一个功能，避免在功能服务之间反复横跳，这样会令人费解。一般"线性"的业务结构会让用户觉得更舒服。

2.用户的操作体验优化

（1）优化交互界面设计。

优化交互界面设计一般遵循以下两个原则。

①使用用户的语言。这个原则非常重要，即使是专业的术语也要转换成用户可以理解的词语。

②容错性设计。犯错误是人类的一个本能属性，因此让用户犯错后可以纠正，阻止毁灭性结果的发生。

（2）优化操作流程。

应当减少用户等待时间，防止过度冲击。

①优化交互方式，减少不必要的场景转换。

②降低操作难度，有效减少操作场景，使用户注意力的消耗降低。

（3）减少场景转换。

应该避免让用户频繁切换场景，跳转过多的界面，因为多跳转一个界面就意味着多流失一部分用户。例如，很多网站浏览产品下面有个"立即购买"按钮，可以让用户直接结算。

产品设计是内核，体验设计是血肉。打动人心的是"超级体验"，能提升用户对品牌的好感度，极大地提升产品市场竞争力。

10.6　体验激发消费者的情绪价值

很多人分不清服务和体验，二者关系如下。

（1）服务是消费者被动地接受，体验是消费者主动地参与。

（2）体验是连续的服务。

有形的产品与无形的服务结合在一起并持续进行时，体验便诞生了。为什么说要想在消费者心智中占据一个品类，就要靠广告持久、统一地轰炸？就是因为它是持续的。

只要你持续地了解一个东西，它就能激发你丰富的感受，如果这个东西和你的内心能产生共鸣，那它就会让你产生快乐的满足感，有一种相见恨晚的感觉。这种快乐的体验不仅能赢得消费者的时间，更能赢得他们的信赖。如果我们能为消费者创造更多的快乐体验，那么持续的时间越久，它创造的价值越大。

当企业的思维从"为消费者提供一个好产品"提高到"通过体验为消费者制造美好回忆"的时候，自然就会弱化产品没有差异化的弊端。试着在差异化的后面加上"体验"二字，就能为消费者创造出以产品为道具、以服务为舞台的美好体验，如公牛安全插座带来的安全体验。

营造体验并不是为了娱乐消费者，而是为了让消费者参与到体验中。差异化可以抄袭，但体验并不能抄袭，因为体验的作用单位是人，意识到人的多样性是智慧的开端。不同人的情绪阈值也不同，当一个人融入一群人中，个人的情绪阈值也就没那么高了。

如何用体验激发消费者的情绪价值从而让他们回忆起企业想要传递的内容呢？

1. 构建主题

主题就是我们营销中的差异点。差异点的表达必须让人一听就懂，一懂就通。很多定位失败的案例不一定是洞察错误，但一定是表达错误，导致一些人听不懂。如果你的主题表现能力很差，顾客就无从建立联想，由此产生的体验也就无法形成深刻持久的回忆。

2. 激发印象

印象是企业希望留在顾客记忆中的最重要的东西，也就是差异化。印象要想在记忆中长存，就要激发关于印象的情绪。要想让消费者记住差异点，必须清楚差异点激发了消费者哪些情绪点，找出影响他们最深的情绪。文字表达时要有触发情绪的词。比如某鱼丸品牌的广告语"××真鱼丸，放心敢多吃"，起源于调研时一位妈妈提及鱼丸时的畏惧。通过访谈进一步探寻恐惧的原因是鱼丸中有各种添加剂、防腐剂等"科技与狠活"，出于对孩子健康的考虑，家长们谈及鱼丸就色变。所以提出了"真鱼丸"的差异点，"敢"的情绪点。通过一个"敢"字把消费者恐惧的情绪激发出来，再用"真鱼丸"的差异点让他们放心多吃。

3. 布置信号

只有词语还不足以让消费者念念不忘，必须要有信号来激发印象。刘易斯·卡蓬把信号分为无生命和有生命两种：前者包括事物产生的景象、气味、味觉、声音和纹理，后者主要是指从人身上发出的信号。通过定义和安排员工接待顾客时希望体现的动作方式，特定的体验就可以被设计出来。无生命和有生命的信号要同时存在，也就是动静结合、无处不在。

4. 调动五感

视觉、嗅觉、听觉、触觉、味觉，一种体验对感觉的调动越有效、数量越多，这种体验的印象就会越难忘。当服务中添加了感觉的因素后，就会变成非常吸引人的体验。

5. 卖纪念品

在消费者离开企业制造的体验后，一定要卖他一个纪念品，方便消费者离开后回忆。纪念品的销售方式最好也能有点创意，让顾客在获得纪念品的时候感到非常开心或非常有价值。产品是作为用户体验的道具，用户体验好，说明你的产品好，自然就会买单。产品和纪念品不是一个概念，但有时候两者可以是同一个商品。

体验将消费者情绪和感觉的激发充分地融入，消费者的回忆也是企业体验行为的延续，回忆一次就巩固一次品牌在消费者心智中的地位。

为消费者带来更好的产品，为消费者传递更好的生活方式，为消费者提供完善的服务，为消费者提供沉浸式的体验环境，为消费者提供改变自我的机会。

人类需求的终点是自我实现。营销行为的终点是制造体验。

第三篇
产品开发管理篇

| 产品开发管理是保证产品按时上市的根本！

第 11 章
产品开发流程

⚙ 11.1　新产品开发

市场营销学认为，凡是产品整体观念中任何一个部分的创新、改良，都属于新产品的范围，所以新产品的"新"，具有相对的意义。例如，在国际市场上有的产品早已出现，但在国内市场上还没有出现，那么这种产品对国内市场和消费者来说，就是新产品。从企业的角度看，过去从来没有生产过的产品，现在生产了，也是企业的新产品。

具体地说，市场营销中新产品大体可以分为完全新产品和现有产品的改良两类。

11.1.1　完全新产品

完全新产品即新发明的产品。它是指应用科学技术的进步，用新原理、新技术、新材料制成的新产品。例如，电话、飞机、电视机、尼龙等新产品进入市场。

完全新产品的出现往往需要经历相当长的研制时间，同时消费者有一个接受和普及使用的过程。这种新产品需要企业花费大量的人力、资金和时间，大多数企业都不能提供这种新产品。

11.1.2　现有产品的改良

1. 质量改良

质量改良是指以新的原料代替旧的原料，或利用更好的工程设计和较精密的工艺，以增加产品的可靠性及耐久性。假设经过改良后，产品在质量上确有重要且显著的提高，同时又有足够的消费者欣赏这些提高，则采取质量改良能使企业保持竞争优势。

企业进行质量改良可能基于不同的原因，有些企业因产品质量低劣，遭受损失，因而不得不改良，有些企业则是不愿为竞争者所模仿而先行改良，而有些则以质量改良为基本市场营销手段，其目的是以质量来争取好的市场地位。

2. 功能特性改良

功能特性改良的目标在于增加使用者实质上或心理上的利益，包括产品功能及配件的重新设计，使之具有更方便、更安全、更有效率、更多用途的效果。例如，把普通雨伞改为折叠伞；黑白电视机改为彩色电视机，再改为遥控彩电。

3. 款式改良

款式改良是指不改变质量，只改变式样，目的在于美化产品的外观，以适应时尚的需要。例如汽车、冰箱、电视机等，每年若干的改变就属于款式改良的竞争，而不是功能特性的竞争。有些消费品改良的并非产品外观本身，而是其包装，把包装看成产品的一种延伸。

对现有产品的改良，企业花费不大，容易办到，但是容易被别的企业仿制。完全新产品研制花费很大，一旦成功就成为企业盈利的支柱，其他企业难以竞争。

11.2 新产品开发过程

在传统观念下经营的企业，新产品的构想及原始设计大都靠老板直觉的构想，在新产品上市前一般并没有经过系统的研究与市场试验程序，因此新产品的失败率一般达 80% 以上。

在现代市场管理概念下，为了降低新产品的失败率，新产品开发划分为构想阶段、概念阶段、商业分析阶段、产品开发阶段、市场试销阶段、产品上市阶段 6 个阶段来进行管理。

11.2.1 构想阶段

产品构想就是企业希望提供给市场的一种能够满足某种新需求的可能产品的设想。洞察并满足消费者的新需求是新产品构想的出发点，每一样新产品均开始于构想的形成，但大部分构想都不能变成新产品，所以我们必须产生大量的构想，以便确保从中发现一些真正好的构想。

1. 新产品构想的来源

（1）顾客。

有越来越多的企业从顾客处发掘新需求，构想新产品。有时企业挖掘出顾客不满意的问题，即可找到有用的新构想启发。有时企业也可以安排一组消费者来讨论某一产品的优点与缺点，经过讨论后，企业常可获得改良及新发展的构想。

（2）中间商。

中间商在从事其日常业务时，随时都会接触到各种客户，也会接触到企业的竞争对手。在接触过程中，中间商可以收集到各种市场上的消息。所以企业可以从中间商那里探听到顾客的动向、竞争对手的新发展和其他消息，从而激发出一些构想。

（3）科技新发展。

技术的进步是新产品构想的主要来源。例如，塑料化学的研究引起许多产品包装的革新；合成纤维的研究促成衣着的革新。因此，产品经理必须时刻了解科技发展环境，受科学新发展的启发，获得一些新产品构想思路。

（4）竞争对手。

任何企业都应密切关注竞争对手所开发的新产品，从中获得一些新构想。

（5）企业推销人员。

企业的推销人员是新产品构想的一个重要来源。他们拥有顾客不满足与抱怨的第一手资料，通常能最先知道竞争对手新产品发展情况。越来越多企业已采用更系统化的市场需求洞察步骤或系统，来获取推销人员的新产品构想。

（6）高层主管人员。

高层主管人员所处的地位使其最适宜决定开发新产品的方针和目标。

（7）企业的现有优势。

①构建产品体系，优先开发具有互补性的新产品，例如洗衣机制造商可增加干燥机的产品线。

②开发与分销渠道协同的新产品，例如室内装饰家具的制造商可增加落地灯的新产品线。

③利用相同的原料、生产设备或技术，例如生产维生素 C 原料的厂商增加维生素 C 含片的生产线。

④利用生产过程中的副产品，例如肉类加工厂可增加油脂肥皂的产品线。

2. 新产品构想的评估和选择

新产品构想的优先级评估和选择的目的在于进一步思考，以删除那些与企业目标或资源不相匹配的新产品构想。

首先，评估构想是否符合企业的战略目标，包括企业利润、销售稳定性、销售成长和企业形象等子目标。

其次，评估新产品构想是否符合企业的资源，如资金、技术、设施等。

11.2.2 概念阶段

新产品构想经过甄选之后，尚需进一步发展为产品概念。因为产品构想是从企业立场基于市场需求构建的，产品的成败最终取决于消费者是否接受，所以要使产品被接受，首先要将产品的构想转化为消费者眼中的产品需求。

例如，感冒药对企业来说包括了化学成分、内包装材料，以及制造过程、管理方法及成本结构等，但这些构想及条件不会是消费者接受产品的因素。感冒药在消费者心目中包括适合哪一类人、剂型、治疗效果、价格等。产品概念是企业想要注入顾客脑中关于产品的一种主观意念，它是用消费者语言表达的产品构想。因此，产品概念就是产品在实际生产之前，顾客心目中对产品的解释。

同一个产品构想可以引出许多不同场景下使用的产品概念。例如，某食品制造企业想生产一种奶粉添加剂，可以让消费者加入牛奶中，以增加营养成分及改善牛奶的味道。营养和口味只是功能性名词，属于产品构想。一个产品构想如果继续追问，就可以得到许多不同的产品概念。

谁使用此产品？例如婴儿、小孩、成年人、老年人都可以使用。

产品的主要好处是什么？例如口味、营养、提神、增加体力等。

适合什么场景使用？例如早餐、午餐、晚餐等。

11.2.3　商业分析阶段

商业分析指的是对方案进行经济效益分析，从财务上进一步判断它是否符合企业目标，如果符合，产品概念就可进入产品研制阶段，包括审视预计的销售额、成本和利润是否达到公司预计目标，若达到则此产品概念才能进一步发展到产品开发阶段。可从商业或消费统计中查到特定商品的零售额、有效购买收入、总的零售额等资料。

新产品的商业分析是对市场、竞争、客户需求、产品等方面进行深入分析和研究的过程，旨在为企业的决策提供科学依据。

1. 商业分析在新产品开发中的作用

（1）商业分析可以帮助企业了解市场趋势和客户需求，评估新产品的市场潜力和商业前景，为新产品的开发提供方向和建议。

（2）商业分析还可以帮助企业制定营销策略和推广方案，提高新产品的市场竞争力。

2. 商业分析在新产品开发中的重要性

（1）帮助企业作出科学决策。商业分析通过对市场、竞争、客户需求等方面的深入分析，为企业提供科学依据，帮助企业作出更加明智和理性的决策。

（2）提高新产品的成功率。通过商业分析，企业可以更加准确地了解市场趋势和客户需求，从而开发出更加符合市场需求的新产品，提高新产品的成功率。

（3）增强企业的竞争力。商业分析可以帮助企业了解市场动态和竞争对手的情况，为企业制定更加有针对性的营销策略和推广方案，增强企业的竞争力。

（4）促进企业的可持续发展。商业分析可以帮助企业发现新的市场机会和业务领域，为企业拓展新的业务领域提供支持，促进企业的可持续发展。

3. 商业分析在新产品开发中的内容

（1）市场需求分析。了解目标市场的需求、竞争情况和消费者行为，为产品开发提供方向。

（2）竞争分析。分析竞争对手的产品特点、价格策略和市场占有率，为产品开发提供参考。

（3）用户调研。通过问卷调查、访谈等方式收集用户对产品的意见和建议，为产品开发提供改进方向。

11.2.4 产品开发阶段

开发阶段是产品开发流程的核心，这个阶段产品完全实现并准备扩展以满足实际客户需求，团队迭代完成对最终产品的开发和测试。

如果是软件产品（一般被称为最小可行产品），在推出全功能版本之前测试可行性并从市场和分销商或合作伙伴处获得早期反馈。这也为团队提供了第二次或第三次在大规模发布之前执行迭代的机会。如果是硬件产品，则需要制造工具，并测试预生产原型，还需要对营销策略的适合性进行最终确认。

产品开发需要设定边界条件。产品开发项目商定的维度可能包括某些必须具备的功能、目标开发成本、质量度量、期望的速度和项目的时间表。

将产品开发项目的 5 个维度显示为一个多边形，如图 11-1 所示。

图 11-1　产品开发的边界条件示例

团队和管理层就每个维度达成明确的量化目标，以指导产品开发。这些是边界条件，是团队和管理层衡量成功的标准。例如，团队和管理层商定了一个质量阈值：平均不超过 1% 的缺陷率。

质量参数的边界条件共同构成了一份合同，规定了团队将交付什么以及管理层期望什么。一旦设置了边界条件并开始了产品开发项目，管理层就需要让团队自行前进，前提是团队期望项目目标实现。

如果项目无法在其中的一个或多个维度上达到其边界条件，即边界突破，此时团队必须立即通知管理层，并提出边界中断的解决方案。这是一个升级过程，旨在让团队在预期边界突破时迅速回到正轨。

在管理人员收到团队可能会发生边界突破的消息，以及有关如何补救这种情况的建议后，管理层可以同意或不同意团队的建议。如果管理层同意，那么每一方都会确认一个新的有风险边界条件的量化措施，项目就会按照新的规范推进。如果管理层不同意团队的提议，那么团队和管理层将进行面对面的沟通，协商并为项目设定新的边界条件，然后该团队根据新协议继续执行该项目。对于此过程，管理人员必须快速响应团队的任何越界沟通。这种快速、敏捷的管理风格使团队能够尽其所能，同时确保团队可靠地交付管理。

经过商业分析后，不错的产品构想可送到研究开发部门进行开发设计。

产品开发阶段包括 4 个步骤。

1. 产品设计

研究开发部门要起草无数蓝图，建立产品规格的标准，使之符合产品概念中的特性，此外又要合乎经济原则，这样才能制造出具有商业价值的产品。

产品设计流程的任务包括：

（1）技术在产品概念中被验证；

（2）建立设计和性能标准；

（3）敏捷开发通过冲刺和客户反馈继续作为新产品开发的一个组成部分；

（4）团队对开发和发布的全部成本进行估算；

（5）商业潜力得到确认和量化。

2. 消费者偏好测试

研究开发部门制造出来的产品雏形要经过一系列的消费者偏好测试，其目的是找出最能吸引顾客的特性组合，检查产品被消费者接受的程度，找到产品设计还有哪些缺陷有待改进。

团队应该执行原型设计并与用户一起测试模型，以确认是否符合预期的市场和营销策略。需要完整测试营销体系，消除或大大降低与项目相关的技术和市场风险，建立产品定价以支持业务的资金要求。

3. 命名

产品品牌就是企业为了区别自己的产品和其他竞争产品而使用的名称。命名是新产品开发过程中十分重要的步骤。产品名称有助于产品形象的创造，也是大量推销和广告不可缺少的条件。一个好的名称对产品的销售有着莫大的好处；反之，一个差劲或没有特色的名字，不仅不能助推销一臂之力，还可能因命名不当而妨碍推销的顺利进行。

例如可口可乐代理商的柠檬汽水，初推出市场时，产品名称被译作"是必利"，销售十分缓慢，经过一段时间译名改为"雪碧"，消费者对整个产品的形象因而有了重大改变，可见名称对产品印象的重要性。因此，进行产品命名时，必须了解可能产生的产品品牌形象问题，以免产品上市后因名称不良而产生负面形象。

负面形象通常很难纠正，常会造成产品在市场上撤退。虽然产品撤退后可用新产品品牌名称再上市，但企业的商誉已受到损害，财务上亦受到损失。因此，企业应该重视产品品牌名称的选择，利用比较科学的方法为产品的品牌命名。

4. 包装设计和测试

（1）包装设计。

为新产品设计包装，首先要明确产品基因与传承；其次确定包装在产品中扮演什么角色，即包装的主要功能是什么，是保护产品、暗示产品的质量，还是介绍某些奇特方法，等等。当包装的角色确定以后，再决定包装设计的各组成要素，例如大小、形状、材料、色彩、插图、说明等，而且每一种要素都有许多种选择。

（2）包装测试。

包装对产品的销售影响甚大，为慎重起见，每种新包装在正式使用之前都会进行许多测试。

①工程测试：用来确定包装在正常情况下对外力的承受度。

②视觉测试：用来确定字体是否清晰，颜色是否和谐。

③经销商测试：用来确定经销商是否认为包装具有吸引力并且容易处理。

④消费者测试：用来确定包装是否有良好的消费者反应。

11.2.5　市场试销阶段

市场试销就是将产品与它的市场营销方案，在经过仔细选择并且可客观测量的试销环境下，第一次正式试行销售。新产品是否应进行试销，完全要看企业对其产品的信心。

消费品通常比工业品更适合市场试销。一项新的工业产品，企业的推销员通常会将产品的样品送给潜在的顾客使用，以便收集顾客对该产品的反应，然后再根据这些反应和建议，改进其产品；而新的消费品则多半先进行小规模生产产品，放到市场试探反应如何，再开始大量生产。市场试销的结果，不但可以帮助企业决定产品是否上市，而且还能告知企业以什么市场营销活动配合产品销售能获得最大的经济利益。

11.2.6　产品上市阶段

新产品上市必须做好规划，通常要做好下列各项工作。

1. 必要的准备工作

生产部门应做好大规模生产的计划，有计划地生产产品。

销售部门要培训好销售人员，产品要迅速陈列到各销售网点上；编制好产品销售资源包，制定广告和促销方案。

2. 上市速度的确定

通常新产品不是一下子就大规模地在全国推出，而是首先在主要市场推出，然后逐渐扩展到次要市场。这种预计性的市场的扩张率受到许多因素的影响。

假若试销结果显示该产品可以大卖，或者显示竞争者可能进入同一市场并且产品易被仿制，则应全面迅速推出该产品，抢占市场份额。当然推进的速度需考虑到企业资源的承受程度。如果企业对自己的新产品信心不足，则应逐步打入市场，等到产品被完全接受时再扩大市场区域。

11.3 硬件产品开发

硬件产品开发存在投入大、周期长、风险高 3 大难点。这 3 大难点决定了硬件产品开发没有回头路，只能成功，不能失败。

那么，如何进行硬件产品开发才能降低失败的概率呢？

11.3.1 科技企业产品开发成功的秘诀

著名的咨询公司高德纳对全球 200 多家科技企业进行了调查，调查结果显示，那些持续成长的科技企业将直接的客户反馈和市场研究作为产品投资的重要信息来源，而那些陷入停滞的企业则是根据财务目标和高管指示进行产品投资决策，如图 11-2 所示。

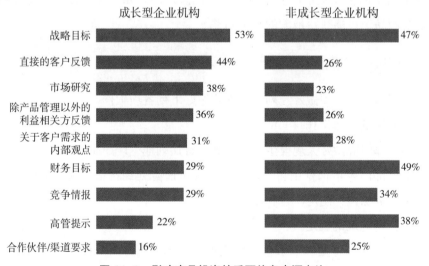

图 11-2 影响产品投资的重要信息来源占比

在产品开发过程中，那些持续成长的科技企业愿意通过客户和市场来检验产品问题和解决方案，而那些陷入停滞的企业则是通过内部利益相关方来检验产品问题和解决方案，如图 11-3 所示。

综上所述，企业的新产品开发必须面向市场、面向客户，依据市场调研和客户需求开发产品，并通过市场和客户检验产品，这样的新产品开发更容易取得成功。

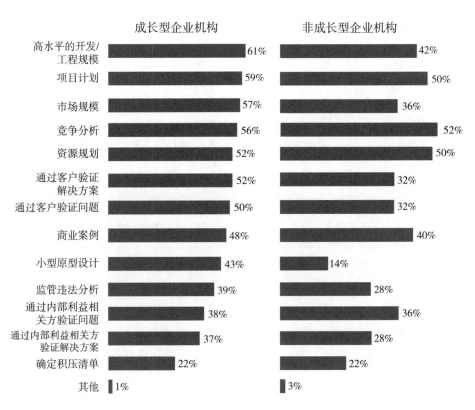

图 11-3　产品开发前活动重要性占比

11.3.2　从市场机会到产品上市

需求洞察基于市场机会，所以市场调研和需求洞察对产品开发的成功至关重要。成功的硬件产品开发应该是从市场机会到产品上市的全过程。

整个硬件产品开发过程，可以分为两大阶段——做正确的事和正确地做事。如图 11-4 所示。

做正确的事，回答"为何做"和"做什么"，即为什么要开发这个产品，它是什么。

正确地做事，回答"怎么做"和"做得怎样"，即怎样把产品开发出来，最终开发出来的产品结果怎样。

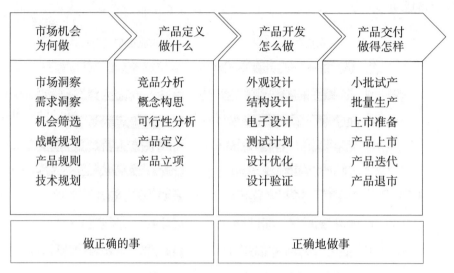

图 11-4 硬件产品开发过程

1.为何做

主要包括 4 部分的工作内容：市场洞察、需求洞察、机会筛选和战略规划。本阶段输出的文档主要有市场调研报告、产品规划报告、市场需求文档等。

（1）市场洞察。

发现市场机会，了解市场规模、增长趋势、竞争态势、技术壁垒等。

常用的市场洞察工具和方法有 PEST（政治、经济、社会和技术）分析、波特五力分析、华为五看模型等。

（2）需求洞察。

收集、分析和筛选用户需求，挖掘尚未很好满足的用户需求。

常用的需求洞察工具和方法有马斯洛需求层次理论、需求四要素分析、客户旅程地图、KANO 模型、用户访谈、问卷调查等。

（3）机会筛选。

根据外部机会和威胁，以及自身优势和劣势，选择细分市场和目标用户。

常用的工具和方法有 SPAN 战略定位分析、安索夫矩阵、波士顿矩阵、SWOT（优势、劣势、机会、威胁）分析、用户画像等。

（4）战略规划。

根据细分市场和目标用户进行产品规划，确定产品差异化战略。

常用的工具和方法有产品战略分析、产品组合分析、产品规划、平台规划、技术规划等。

2. 做什么

主要包括 4 部分的工作内容：竞品分析、概念构思、可行性分析和产品定义。本阶段输出的文档主要有竞品分析报告、可行性分析报告、产品需求文档等。

（1）竞品分析。

选择对标竞品进行分析，做到知己知彼，明确产品进攻点和防御点。

常用的工具和方法有 SWOT 分析、$APPEALS 分析等。

（2）概念构思。

构思并形成具有差异化和竞争力的产品创意、系统架构和解决方案。

常用的工具和方法有设计思维、创新画布、黄金圈法则、产品三层次理论、价值成本分析、头脑风暴、思维导图等。

（3）可行性分析。

对创意和方案进行可行性分析和验证。

常用的工具和方法是 DFX（Design for X），X 包括技术可行性、成本可行性、制造可行性、安全可行性、质量可行性、安装可行性、营销可行性等。

（4）产品定义。

明确产品需求，将产品需求转化成产品功能和属性要求，锁定市场机会。

常用的工具和方法有 QFD（质量功能展开）、产品六定方法。

3. 怎么做

主要包括 6 部分的工作内容：外观设计、结构设计、电路设计、测试计划、设计优化和设计验证。如果是 AI 硬件产品或者 IoT（物联网）硬件产品，还需要增加嵌入式系统、云端系统和客户端 App 的设计，在此不作赘述。本阶段输出的文档主要有设计图纸、BOM 清单、测试计划、测试报告、认证证书、产品规格书等。

（1）外观设计。

根据产品定义，设计产品外观方案，形成外观差异化。

（2）结构设计。

根据产品定义，设计具有竞争力的产品结构方案。

常用的工具是 CAD（计算机辅助设计）。

（3）电路设计。

根据产品定义，设计具有竞争力的电路方案。

（4）测试计划。

根据产品定义，明确产品的品质关键点（CTQ），制订产品测试和验收计划。

常用的工具和方法有质量测试计划、国家标准、行业标准等。

（5）设计优化。

对设计方案进行分析、评估和优化，降低和控制项目风险。

常用的工具和方法有设计评审、六西格玛设计等。

（6）设计验证。

对设计方案进行测试和验证，确保设计方案满足产品需求。

常用的工具和方法有样机评审、产品认证、测试报告、客户体验等。

4. 做得怎样

主要包括 4 部分的工作内容：小批试产、批量生产、上市准备、产品上市。本阶段输出的文档主要有试产报告、营销策划报告、项目结项报告等。

（1）小批量试产。

对生产线进行验证，确保生产制程、工艺、质量、产能等符合产品要求。

常用的工具和方法有试产评审、客户确认。

（2）批量生产。

组织供应链，高效、低成本、稳定可靠地进行批量生产，完成订单交付。

常用的工具和方法有精益生产、质量控制、持续改进等。

（3）上市准备。

完成新产品上市的准备活动。

常用的工具和方法有卖点提炼、营销理论。

（4）产品上市。

新产品宣传、推广和销售，产品大卖，取得产品的商业成功。

常用的工具和方法有用户增长模型、产品迭代、产品生命周期管理。

11.3.3 硬件产品开发 V 模型

纵观整个硬件产品开发过程，核心问题其实只有 3 个：

（1）满足客户需求；

（2）提供具有竞争力的解决方案；

（3）降低和控制风险。

V 模型很好地诠释了如何解决这 3 个核心问题，如图 11–5 所示。

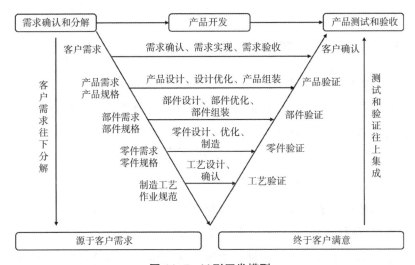

图 11–5 V 形开发模型

（1）V 模型的左侧是需求的确认和分解。首先，客户需求经过分析和筛选，转化成产品需求。然后，产品需求一层层往下分解成部件需求、零件需求和制造工艺。相对应的产品规格也一层层往下分解成部件规格、零件规格和作业规范。整个过程我们用一句话概括，就是产品源于客户需求，确保客户需求准确、完整地分解和传递到产品的每一项功能、规格和技术指标，以便降低和控制项目风险。

（2）V模型的右侧是产品测试和验收。产品测试和验证，是一层层往上集成的，从工艺验证、零件验证、部件验证，集成到产品验证。产品验证没问题后，最后提交给客户进行确认。整个过程我们也用一句话概括，就是产品终于客户满意，确保产品的每一项功能、规格和技术指标都得到层层测试和验证，最终满足客户需求，项目风险也得到层层检验和控制。

（3）V模型的中央是产品开发，完成从产品设计到生产制造，确保提供具有核心竞争力的产品解决方案。从左侧的产品设计，一层层往下分解到部件设计、零件设计和工艺设计。然后从右侧的制造工艺，一层层往上集成到零件制造、部件组装和产品组装。

11.4 产品设计和开发的常见问题

11.4.1 产品设计常见问题

1. 功能设计常见问题

在完成需求分析后，根据需求分析的结果规划产品的功能架构，并根据功能架构列出产品功能清单。

实际过程中，在功能设计时会存在以下两个问题。

（1）细节功能设计不到位。

问题描述：功能设计时，仅考虑正向流程，没有考虑逆向或其他特殊流程。导致后期用户测试期间又要重新调整功能设计。

产生原因：需求调研分析期间遗漏，功能设计期间没有仔细思考模拟各种场景。

解决方法：设计人员要沉下心，认真根据已分析资料模拟用户真实场景，若发现不明确或遗漏的功能应第一时间与用户进行再次沟通确认。

（2）通用功能不具有抽象性。

问题描述：系统中的通用模块不具有抽象性，导致相同功能重复描述，同时给后续的功能变更埋下了隐患。

产生原因：设计人员没有从全局的高度审视产品功能，看一块做一块，没有做好全局统一的产品规划。

解决方法：在提高产品设计人员设计能力的同时，加强对产品功能设计的审核。

2. 原型设计问题

功能设计后，根据功能清单使用原型工具 Axure RP 进行原型设计。

原型设计时，我们面临着以下 3 点问题。

（1）组件设计不统一。

问题描述：原型设计过程中组件没有统一，比如不同模块文字没有统一，列表的排序没有统一，使用日期或时间的组件没有统一。

产生原因：部门没有统一的规范说明；同时，设计人员项目经验不足。

解决方法：建立标准组件库（分移动版和网页版），所有项目设计的组件原型统一从库中调用。建立部门的原型设计自检清单，将常用的自检清单作为设计人员设计完成后的必检内容。加强设计人员对标准组件的学习和了解。

（2）标注说明不清晰。

问题描述：对原型标注说明时，没有标注或标注不清晰、不完整。对于特殊或重点的逻辑说明没有特别重点标识。比如，没有原型字段的长度、按钮功能的校验规则等标注说明。对于这些问题，有经验和责任心的开发人员会跟设计人员进一步确认和完善，而新手则往往会忽略。这些问题在测试或用户使用阶段暴露会影响产品质量和客户体验。

产生原因：部门没有制定统一的标注说明模板和要求，导致相关人员根据各自偏好进行标注。

解决办法：制定需求详细设计模板，部门成员统一按需求详细设计模板进行标注。

（3）原型设计速度慢。

问题描述：采用交互的原型设计方式，但交互对设计人员的原型技能掌握能力要求高；同时，在原型设计确认完成后，当需要对原型进行修改和优化时，调整原型的时间也会变长。

产生原因：部门人员大部分是新人，对于原型的技巧没有那么熟练，交互原型设计加重了他们的工作量。

解决办法：使用标准组件库中的原型组件及线框图方式，组件间的交互统一并采用文字描述，减少交互效果设计带来的工作时间。

3. 需求评审效果不佳

问题描述：需求评审前没有将评审资料发放给相关人员，需求评审时没有需求和设计专家参与，需求评审没有得到建设性的建议。

产生原因：公司及产品人员对需求评审的重视度不够，内部没有储备行业的专业性人才。

解决办法：提高大家对需求评审的重视度，提前做好需求评审准备；培训和储备专业性人才，邀请专家参与需求评审。

11.4.2 产品开发常见问题

1. 需求详讲阶段

问题描述：需求详讲阶段未让项目所有相关开发人员参与，而且参与人员的听讲效果不佳，使产品人员在开发过程中要再次进行解释，影响产品开发进度和质量。

产生原因：产品人员事前没有将相关材料交付开发人员，开发人员没有事先了解资料，导致详讲效果差。

解决办法：事前产品人员将资料分发到项目开发人员手中，由开发人员准备问题，详讲会上由产品人员根据问题清单重点澄清开发人员的疑惑问题。

2. 需求变更阶段

问题描述：产品人员进行需求变更时没有详细考虑，导致一个需求反复变更，而且有时客户提的需求设计完成后又不再需要；同时，需求变更没有同步通知相关开发和测试人员，导致相关人员开发完成后才接收到变更的通知。

产生原因：产品人员对需求变更的随意性导致需求变更和管理混乱。

解决办法：设定需求评审制度，外部需求变更需要由客户提交需求变更单，避免客户的一句话需求、实验性需求或个人喜好的需求导致公司投入成员；内部需求变更需要由负责人进行审核，需求变更应同步通知相关开发和测试人员。

3. 版本提测阶段

问题描述：提交测试的系统在测试过程中发现流程不通，开发的漏洞数量多，开发出来的系统与设计的原型不符。

产生原因：开发时各个模块由不同开发人员开发，提交测试时没有进行系统的集成测试。开发人员在系统开发过程中发现问题，没有及时与产品人员沟通，只是按自己理解的思路进行开发。

解决办法：产品人员从开发起及时关注系统的开发进度，每日向开发人员了解开发的情况并沟通开发过程中的问题；开发完成后，第一时间进行系统验证，保证系统流程的畅通。

第 12 章
最小可行产品

最小可行产品（MVP）就是在产品开发过程中，用最少的时间和资源开发出的能够满足用户基本需求的产品。

我们在做产品时，为了避免步子迈得太大，效果不好造成资源的浪费，总会用到最小可行产品方法，它不仅适用于全新产品的开发，也适用于成熟产品新模块的开发，能够快速收集用户反馈确定如何迭代产品，或者及时发现不可行放弃继续研发。

12.1 MVP 实施策略

MVP 注重的是实现产品的核心价值，而非完美的功能实现，它的特点是有价值、范围尽可能小、尽早交付、对用户可用的产品。它可以使产品研发团队以最小的资源和时间验证业务假设的可行性、有效性，减少不必要的资源浪费。其应用步骤可分为以下几项。

12.1.1 市场和用户调研

在确定 MVP 之前，深入的市场和用户调研是不可或缺的。企业需要通过各种渠道和方法，如问卷调查、用户访谈、竞品分析等，来了解和分析目标市场和用户的实际需求和期望。这些信息将为确定 MVP 的方向和内容提供重要的依据和参考。

12.1.2 定义核心价值和功能

通过提炼产品的核心价值，确定用户最迫切的需求或者关键问题的解决方案。基于调研结果，企业应该明确产品的核心价值和功能。这通常涉及与团队成员、合作伙伴和潜在用户的深入讨论和分析。企业应该聚焦于那些最能体现产品价值、最能解决用户痛点的功能和特性，确保它们被优先考虑和实现。

12.1.3　设计

在 MVP 的设计阶段，原型设计是一个重要的环节。通过构建产品的可视化原型，企业可以更直观、更具体地展示和验证产品的概念和设计。原型设计还可以帮助企业更早地发现和解决设计上的问题和不足。

12.1.4　开发 MVP

在开发 MVP 阶段，企业应该采用敏捷和灵活的开发方法，如 Scrum 或 Kanban，来快速实现产品的核心功能。同时，企业也应该不断与用户和市场进行互动和沟通，确保产品的开发方向和进度始终符合市场和用户的需求和期望。

12.1.5　用户测试并收集反馈

推出 MVP 后，用户测试是一个关键的环节。将 MVP 产品推向目标用户市场，企业应该邀请目标用户参与产品的测试和试用，收集他们的反馈和建议。这里也可以对用户进行筛选，选出最能体现 MVP 价值的那部分目标用户。

用户测试不仅可以帮助企业了解产品的实际效果和问题，还可以进一步深化企业对市场和用户的了解和认识。

12.1.6　分析反馈与迭代优化

基于用户测试的结果，企业应该及时进行反馈分析。密切关注用户行为的数据，收集用户的评价，量化评估 MVP 的表现，为以后的产品迭代或决策提供依据。

基于 MVP 的反馈，优先处理用户反映最重要的问题或增加最让用户期待的功能，然后再次循环以上步骤，持续优化产品。这包括对产品的功能、设计、性能等各个方面进行综合评估和调整，确保产品不断地向着更好、更完善的方向发展。

举个例子，你想做一个旅行计划的产品，帮助自助游爱好者快速制订旅行计划。通过一番用户和市场的调研后，发现目标用户觉得制订旅行计划的痛点是花的时间比较长。他们可以搜到景点、餐厅的信息，也可以在地图网站搜索路线，但需要自己一个个输入串联起来，他们想加快制订旅行计划的速度。然后，你调研后发现他们想要更智能的方法制订旅行计划，即直接按照他们的旅行需求先自动推荐景点、餐厅，他们手动调整后，系统自动按照景点的开关门时间等信息排好每天的行程。这要考虑数据覆盖度的问题，要考虑产品要有多智能。这时候你可以筛选数据，选出几个用户最想旅行的城市来减少 MVP 数据量的问题。对于智能度的问题，也可以根据调研，在"询问用户旅行需求"的模块筛选出用户最在意的几个维度，比如吃住的档次、行程的松紧度等。在对每个模块进行一番筛选后，只保留目标用户最在意的。串联起来，整个旅行计划产品是对可用的内容进行 MVP 开发。在开发出的 MVP 产品上线后，用户可能会说整个产品还不错，但是现在行程排好后，需要返回到上一页修改，他们想在当前的行程页面直接修改，又或者是需要知道每个景点推荐的游玩时长等信息。这样，企业就可以根据用户使用产品的反馈来迭代后续的产品了。

当然，MVP 的思维不只应用于全新产品，对于成熟的产品来说，产品经理也会经常收到不同类型客户提出的需求，这些需求的开发量都不小。

为了避免需求只是少部分客户的特别需求（重要用户需求除外），产品经理也可以把 MVP 的思维应用在新的功能开发上。先确定客户最核心的需求点，看是否可以用现有的资源直接解决，如果可以就不用新开发单独的模块；如果一定要新开发模块的话，可以先做客户最急需的部分，上线看反响，根据客户的后续反馈再定是否要继续研发迭代。

12.2　MVP 挑战与未来趋势

12.2.1　MVP 开发理念优势

1. 快速上市

通过集中精力开发产品的核心功能，MVP 允许企业在更短的时间内推出产品。这意味着企业可以更快地进入市场，抢占市场份额。例如，社交媒体平台 Twitter（推特）最初作为一个简单的短消息服务平台推出，迅速吸引了大量用户。

2. 降低风险

MVP 通过快速获得用户反馈，帮助企业及时发现并纠正问题，从而降低了产品失败的风险。例如，Groupon（高朋网）最初作为一个纯粹的社交平台推出并不奏效，通过快速迭代转型为一个团购平台，并迅速取得了成功。

3. 节省资源

通过最小化产品特性，MVP 能帮助企业节省宝贵的开发时间和资源，将它们集中在最有价值的地方。例如，Dropbox（多宝箱）最初通过一个简单的视频演示来验证其产品概念，从而避免了在一个未经验证的概念上浪费大量资源。

12.2.2　MVP 面临的挑战

1. 忽略非核心功能

在追求最小化的过程中，企业可能会忽略一些看似非核心但实际上对用户体验非常重要的功能。例如某些移动应用软件在推出初期忽略了优化移动网络下的性能，导致用户在移动网络环境下使用体验不佳。

2. 牺牲用户体验

为了快速推出产品，企业可能会牺牲产品的质量和用户体验。例如某些电子商务网站为了快速上线，忽略了网站设计和用户界面，导致用户在浏览和购物时感到不便。

12.2.3　如何克服挑战

1. 持续地用户反馈和迭代

企业应该持续收集用户的反馈，并根据反馈进行产品的迭代和优化。例如 Instagram 在推出初期就积极收集用户反馈，并根据反馈不断优化产品，最终成为了一款非常受欢迎的社交应用软件。

2. 平衡速度和质量

在追求速度的同时，企业也应该注意保持产品的质量和用户体验。例如苹果公司的产品虽然不总是第一个推出，但它们总是注重质量和设计，从而获得了用户的高度认可和满意。

12.2.4　MVP 未来趋势

1. 用户中心的发展方向

在未来，MVP 将更加聚焦于用户。企业将深入挖掘用户的真实需求，通过各种方式收集用户的反馈和意见，以便更精准地进行产品优化和迭代。比如，一些先进的电商平台正利用人工智能技术进行用户行为分析，以便提供更为个性化的购物体验。

2. 敏捷和灵活的实施策略

企业将更加灵活地调整产品方向和策略，以便更好地适应市场的快速变化。例如，许多软件开发团队已经采用了敏捷开发的方法，如 Scrum 和 Kanban（详见后文），这使得其能够更快速、更灵活地进行产品开发和优化。

3. 数据驱动的决策制定

数据将在 MVP 的实施过程中发挥越来越重要的作用。企业利用各种数据分析工具和技术来分析大量的用户使用数据和反馈，从而作出更为明智和科学的决策。例如，一些金融科技公司正利用机器学习算法来分析大量的用户信用数据，以便更精准地评估用户的信用风险。

4. 预测和前瞻性分析

未来的 MVP 将更加重视预测和前瞻性分析。利用先进的预测分析工具和技术，企业能够更好地预测市场和用户的未来行为和需求，从而更有针对性地进行产品开发和优化。例如，一些先进的电商平台正利用大数据和人工智能技术预测用户的购物行为和趋势，以便更好地进行库存管理和产品推荐。

第 13 章
敏捷开发的 Scrum 模型

如何做好需求的项目管理，同样因公司而异。一些公司目前的产品工作模式比较接近敏捷开发的 Scrum 模型，如图 13–1 所示。

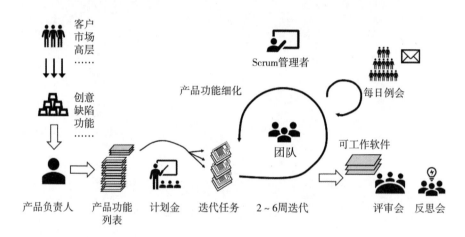

图 13-1　敏捷开发的 Scrum 模型

通过项目与事物跟踪工具，追踪自己所提的每个需求。

一个需求单的结构大致如下。

（1）需求名称。

（2）需求类型：故事 / 任务 / 缺陷。

（3）需求描述。

①问题 / 需求：简单描述产品的问题 / 升级点。

②实现目标：详细描述该需求最后完成的结果。

③问题分析：如果产品经理知道问题所在，可以写下自己的分析，仅供

开发参考。

（4）图片文字说明。

①需求执行者：某开发 / 测试。

②需求实现过程。

③备注。

基本就是在什么时间内，需要什么人实现什么样的需求，并且记录下来整个需求的生命周期。

产品经理的项目管理能力不是仅仅依赖工具的使用，而是对每个有明确期限的需求进行有效的跟踪，避免实现需求的开发人员误入歧途。开发人员可能只负责需求的实现，但产品经理需要负责需求的验收和交付，因为开发人员最后可以义正词严地声明产品就是按照需求做的，所以与其在最后关头互相争论，不如在早期就把不稳定因素解决掉。

Scrum 是一个帮助团队更好协作的模型。Scrum 模型鼓励团队从经验中学习，以自组织的方式去处理问题，并对胜利和失败进行反思，不断改进。

虽然 Scrum 模型通常被软件开发团队使用，但它的原则和经验可用于各种团队合作，这也是 Scrum 模型如此受欢迎的原因之一。

Scrum 模型是一种基于持续学习和需求多变的启发式框架。它承认团队在项目开始时并不了解所有内容，要求团队吸取经验教训不断发展。Scrum 模型旨在帮助团队适应不断变化的外部环境和用户要求，并在流程和较短的发布周期中快速调整优先级，以便团队不断学习和改进。虽然 Scrum 是结构化模型，但它并不是完全僵化的，我们可以根据组织需求调整执行。

13.1　Scrum 模型 3 个角色和职责

Scrum 模型也有 3 个特定角色：产品经理、敏捷教练和 Scrum 团队。由于 Scrum 团队为跨职能部门，因此除开发人员之外，团队还包括测试人员、设计人员、用户体验专家和运营工程师等。

13.1.1　产品经理的职责

（1）创建一个可执行的令人叹服的产品愿景。

（2）制定一个跟大家目标一致的产品路线图，用来完成产品愿景。

（3）创建产品待办列表，让里面的条目在合适的时间具有刚刚好的细节。

（4）一半时间跟客户沟通，一半时间跟团队密切地工作在一起。

13.1.2　敏捷教练的职责

敏捷教练是一个全新的职业。就像世界上的首批外科医生一样，这些半路出家的医生并不懂解剖知识，但之所以能开展他们的业务，是因为他们有锋利的器械和强壮的胳膊，他们在当地的工作是理发师或者铁匠，经常在业余时间做手术；而如今的外科医生是受过高级训练和技能娴熟的人，他们经过多年的正规教育，又做过广泛的实习。多数组织选择第一个敏捷教练与现在选择医生的方式差不多：不是追求锋利的器械和强壮的胳膊，而是看重管理与领导经验。除此之外，一个优秀的敏捷教练还需要有责任心、有担当、谦逊、投入、知识渊博、有影响力。

Scrum 是一个需要不断靠纪律约束的简单模型，Scrum 团队一般由 3～9 个人员组成。敏捷教练的职责如下：

（1）提升教练团队效能；

（2）有效并持续地引导各种会议 / 事件；

（3）保护团队不受干扰；

（4）以可视化的方式向团队展示工作进展；

（5）保证障碍得到清除。

13.1.3　Scrum 团队的职责

（1）跨职能，即拥有完成工作所需的所有技能。

（2）自组织，即决定如何开展工作。

（3）自我管理，即决定在迭代目标实现中可以完成多少工作。

（4）协作，即共同努力实现冲刺目标。

13.2　Scrum 模型 3 大工件

Scrum 模型工件是团队要完成的事情，就像是解决问题的工具。在 Scrum 模型中，常见的 3 个工件分别是产品待办事项、迭代待办事项，以及对已完成定义的增量变化。这是 Scrum 团队中的 3 个常量，团队需要不断地对其进行审视，并投入额外的时间进行改进。

13.2.1　产品待办事项

产品待办事项是整个产品的用户故事集合，这些用户故事可以来自甲方客户、产品经理自己对产品的理解、研发团队、公司战略规划拆解等。

本质上，这是团队的待办事项列表。产品负责人对产品待办事项进行不断反思、重新排定优先级和维护，因为随着我们了解得更多或随着市场的变化，列表中的项目可能不再相关，或者优先级出现调整。

13.2.2　迭代待办事项

迭代待办事项指的是在一个迭代周期中要完成的用户故事列表。这些用户故事来自产品待办事项，每次迭代前产品负责人根据交付价值，将优先级最高的用户故事放入迭代。

每次进入迭代之前，团队需要召开迭代规划会议，团队从产品待办事项中选择本次迭代计划完成的需求。迭代待办事项可能较为灵活，也可以在迭代期间变化，但是基本的迭代目标（团队希望在当前迭代中实现的目标）不能受到影响。

13.2.3　增量（迭代目标）

增量是指在一个迭代中完成的所有产品待办事项的总和，以及之前所有迭代所产生的增量的价值总和。在该过程中，新的增量必须是完成的，这意味着它必须可用并且达到了 Scrum 团队"完成"定义的标准。

在完成以上 3 个工件的时候，团队可以选择定义很多变体，因为工件维护最好保持开放态度。

13.3　Scrum 模型 5 大会议

13.3.1　产品待办事项列表梳理会

在产品待办事项列表梳理会上，产品经理会讲解本期项目计划要实现的需求，每个需求讲解完毕后，大家评估工作量，并确定每个需求的优先级，事先关联到项目中，并根据优先级和工作量进行需求调整。主要是让团队共同确认和理解本次迭代目标实现要完成的工作。

目的：梳理产品待办事项列表，整理出 1~2 个满足"就绪定义"的待办项。

阶段：贯穿在整个迭代目标实现中的活动，为下一个迭代目标实现作准备。

时长：不超过团队一个迭代目标实现时长的 10%。

人员：开发人员、产品经理、敏捷教练。

议程：

（1）讨论需求，拆分、澄清用户故事；

（2）完善验收标准；

（3）对故事的优先级进行排序；

（4）估算故事点。

产出：梳理好的产品待办列表。

13.3.2　迭代目标实现计划会议

目的：为顺利实现计划目标，承诺需要完成的故事，并作出计划。

阶段：迭代开始的第一个事件。

时长：每星期的迭代不超过 2 小时。

人员：敏捷教练、开发人员、产品经理。

议程：

（1）明确迭代目标；

（2）划分任务优先级；

（3）拆分细化任务；

（4）确认任务完成的定义；

（5）预估工时；

（6）确认迭代待办列表。

产出：迭代目标、迭代待办列表。

敏捷的迭代实现始于产品待办事项列表梳理会和迭代计划会议，所以一个好的梳理会和计划会是每个迭代成功的基础。

计划会议中，为什么任务可以自由领取，而且不怕团队成员多估工时呢？

主要有以下几个原因：

（1）开发人员自己领取并估算，是对团队的一种承诺；

（2）任务的规模大家有共识，加上良性竞争，所以不怕故意高估工时；

（3）每天召开会议也会及时同步信息，保证信息公开透明；

（4）能够及时了解大家的工作情况；

（5）在对任务进行估算时，工时估算可以借助敏捷估算扑克进行计算。

敏捷估算扑克的使用方法多样，可结合项目情况使用，其中离不开以下 3 个步骤。

分牌：为每名参与估算的成员分一组牌，每副牌可供 4 人估算使用。

讲解：产品经理为大家讲解需要估算的任务，团队成员可针对该任务进行讨论并提出问题，从而对该任务有一定的了解。

估算：团队每个成员同时出牌，代表自己的估算工时，估算过程不可互相商讨，团队结合项目自身情况选用合适的估算规则，取得估算值。

敏捷估算扑克估算规则：

（1）如果大家的估算结果相近，可以取平均值，本次估算结束；

（2）如果大家的估算结果相差很大，估值最大和最小的成员分别阐述自己的观点，沟通后重新进行估算，最多可进行 3 轮估算。

使用敏捷估算扑克的好处：

（1）促进团队成员间的交流，可共享、了解更多的信息；

（2）避免团队成员不发言的现象，可了解到每个成员的想法；

（3）真正参与工作的团队估算，会从不同岗位的视角来思考和分析问题，所以会使估算结果更全面、准确；

（4）团队对估算结果进行讨论和评判，会使估算结果更真实、客观；估算过程实际上也是团队成员对工作的沟通过程，能加深团队成员对任务的理解。

13.3.3　每日 Scrum 会

目的：更新迭代目标达成状态，并根据当前进展重新计划剩余的工作，有效反馈项目存在的问题，及时跟进。

阶段：迭代中的每天。

时长：小于 15 分钟。

人员：开发人员、产品经理、敏捷教练。

议程：团队各成员依次进行陈述，包括但不限于"我昨天完成了什么""今天的计划""遇到的困难或障碍"。

产出：对团队成员工作及工作状态形成共识，并对后面的计划进行调整。

13.3.4　评审会

目的：检验所交付的产品增量并按需调整产品待办列表。

阶段：迭代结束前的倒数第二个事件。

时长：每周的迭代评审会不超过 1 小时。

人员：开发团队、产品经理、其他利益相关者。

议程：

（1）团队介绍迭代成果；

（2）演示新功能；

（3）依据迭代目标对项目进行评估；

（4）调整产品迭代待办列表。

产出：收集用户对产品的反馈，以便后期进行调整。

13.3.5　回顾会

目的：回顾团队的迭代工作，找出改进事项，为将来的改进制订计划。

阶段：迭代中的最后一个事件。

时长：每周的迭代回顾会不超过 45 分钟。

人员：Scrum 团队成员。

议程：

（1）回顾上次会议改进结果；

（2）概括性总结迭代；

（3）总结量化结果；

（4）总结迭代过程；

（5）做会议纪要及迭代总结。

产出：一个排列好优先级的改进待办列表，最高优先级的改进项应该放入下一个迭代待办列表中。

13.3.6　Scrum 的优势和挑战

1. Scrum 的优势

（1）快速交付有价值的产品。

（2）更高效的团队协作。

（3）更好的风险管理和灵活性。

（4）更高的客户满意度和更好的员工参与度。

2. Scrum 的挑战

（1）团队成员的不足和不稳定性。

（2）产品经理的不理解和不配合。

（3）敏捷教练的经验缺乏。

（4）组织文化和架构的不适应。

为了克服这些挑战，团队需要不断学习和改进，以实现更好的 Scrum 实践和价值交付。

第 14 章
新产品开发的管理工具

人生如产品，产品映人生，借鉴产品思维，快速提升软技能！

14.1　看板管理方法

看板管理方法是一种新产品开发的高效管理时间的思路。

看板（Kanban），意为"公告牌"或"信号板"，是一种可视化管理工具，显示工作项的状态和流动情况，促进团队协作和流程透明化。在新产品开发领域，看板管理方法也是一种敏捷开发框架，一种视觉化的流程管理方法，它强调的是流动性和持续改进。

14.1.1　看板管理方法的步骤

1. 定义流程

明确团队的工作流程，将流程拆分为若干个阶段，并在看板上创建对应的列来表示这些阶段。

2. 可视化工作流程

通过视觉化的展示，清晰展示出所有工作项及其当前所处的状态或阶段，让团队成员能够实时了解项目整体的进度。

3. 拉动系统

只有在下游阶段有足够的产能（代码开发所需的人力、硬件资源等）时才从上游阶段拉动任务，这样可以避免过度生产或堆积过多未完成的工作。

设置 WIP，促使团队集中精力完成手头工作后再接手新的任务。在敏捷开发和项目管理中，WIP 通常指的是团队正在进行尚未完成的工作项的数量，包括待办事项、任务、需求、缺陷等。

4. 持续改进

随着对流程理解的加深，团队通过定期回顾和分析看板数据，持续地识别流程中的问题和改进点，并采取行动优化流程。

14.1.2　看板管理方法的思路

1. 收集

在看板管理方法中，所有的待处理工作项（如用户故事、任务、漏洞修复等）会被记录在看板系统的待办事项或需求池列表中。

2. 整理

在看板管理方法中，任务被提取到看板系统的"待处理"或"待开发"列之前，包括任务的澄清和细化，明确任务的目标、期望结果以及实现路径，等等。

3. 组织

通过看板可视化工作流程的各个阶段，如"待开发""开发中""待测试""已测试""待部署""已完成"，每个阶段代表了任务的不同状态，团队成员可以清晰地看到每个任务所在的位置和各个阶段任务的数量。

4. 执行

团队成员根据看板指示，从左侧的列开始逐个执行任务，直到任务完成并移动到右侧的"已完成"列。

5. 回顾

通过定期召开回顾会议，团队成员可以回顾过去一段时间的工作流程，识别瓶颈、发现问题并提出改进措施，确保看板系统的持续优化和完善。

看板管理方法也同样适用于我们日常的时间管理，尤其是 GTD 管理法，它们在思考和执行层面有着异曲同工之妙。

14.2　GTD 管理法

GTD（Getting Things Done，把事情做好）管理法的核心理念是清空大脑，通过一个系统的流程将生活和工作中的一切事务转化为清晰的下一步行动，从而减少压力，提高生产力和实现工作生活的平衡。

14.2.1　GTD 管理法的步骤

1. 收集

全面捕获所有想法、任务、项目等信息，确保大脑不会因记忆负载过大而分心或焦虑。

2. 处理

对收集的信息逐一进行处理，决定下一步行动，比如是需要立即采取行动，转交给他人处理，还是暂时搁置或废弃。对于需要行动的事项，进一步将其转化为具体的行动步骤。

3. 组织

将行动步骤和项目放在清单中，分别归类和标记。

下一步行动清单：列出所有明确的、可以立即执行的任务。

等待清单：记录那些已经委派出去但仍在追踪的任务。

项目清单：汇总所有正在进行的项目及其下一步行动。

将来也许清单：记录暂时不紧急但可能在未来实施的想法或计划。

4. 回顾

定期检查和更新任务列表，确保所有事项都在掌控之中，同时要审查项目的进展和长期目标是否一致。

5. 执行

根据情境、时间、精力和优先级选择合适的行动去完成，并在整个过程中持续同步和更新清单。

同看板管理方法类似，GTD 管理法只是将项目或团队的任务转变成了个人的任务，将个人的具体行动或者脑海中的想法书面化呈现，从而减轻大脑记忆负担，并可以针对具体的想法或任务提出相应的解决方案，或者放弃，转交给他人，从而确保每一个想法都能被妥善安置，进而让自己的时间分配更聚焦，不散乱。

14.2.2　GTD 管理法的应用

让我们结合程序员的工作来说明，程序员的工作通常会涉及代码的编写、漏洞修复、需求讨论、技术研究、技术架构、文档撰写等。他们可以按照以下方式应用 GTD 管理法。

1. 收集

使用在线笔记工具或项目管理软件捕捉所有工作任务和想法。

2. 处理

根据当前阶段的目标和任务的性质，选择合适的处理方式。比如有些漏洞具有依赖性，可以先等协作方修复好后，再安排时间修复，这个任务就是先记录，等待后续跟进；有些文档的撰写，若不是很紧急，就放到稍后处理。对于一些大型的模块开发，可以将其拆解成子任务，再根据依赖性、重要性确定各个子任务的优先级。

3. 组织

创建不同的清单来管理各类任务，如编程任务清单、文档编写清单等，并标注任务预计完成的时间、所需的资源等。

4. 回顾

每周或每日定时回顾任务列表，更新进度，确认哪些任务已完成，哪些需要延期，或者有突发情况需要重新安排优先级等。

5. 执行

在编写代码期间，根据情境优先选择当前最适合完成的任务。例如，当等待编译时，可以处理一些需要较少精力完成的零碎任务，而在整块的工作时间段，则可以专注于编写复杂的代码或解决某个技术难题。

其实工作中的很多方法都可以尝试应用到个人的工作中，从而提升团队和个人的效率。

总的来说，通过 GTD 管理法，程序员可以有效地减轻大脑负担，让自己更关注在当前重要的事情上，而且有了可视化的内容，做事更能聚焦，从而提高了工作效率，减少了由于任务过多和压力过大带来的困扰。

14.3 "721" 创新模型

14.3.1 "721" 创新模型的含义

"721" 创新模型即 "70/20/10" 创新模型,最初是由谷歌(Google)提出的一种资源配置策略,后来被广泛运用于产品开发、项目管理和企业战略层面。该模型强调企业在保证主营业务稳定发展的同时,还需要关注相邻领域的创新以及探索长远的发展。

这个模型建议将资源和时间分配为 70%、20%、10%,这 3 个比例分别对应如下的内容。

(1)70%:核心业务优化。

70% 的精力和资源被投入到核心产品和服务的改进和优化上,以确保主营业务持续增长和盈利。比如,分析现有产品或服务的优势与不足,制定优化策略,落实执行措施,从而提升产品性能、用户体验、经济效益等。

(2)20%:周边创新。

留出 20% 的精力或资源,用于探索与核心业务相近或相关的创新领域,开发新的产品或功能、服务,从而拓宽现有业务市场的边界。比如,研究与核心业务相关的新兴趋势和技术,设计和开发新产品原型或功能,进行小范围试验,并收集用户反馈,根据反馈迭代优化新产品,逐步扩大市场验证。

(3)10%:前沿探索。

剩下的约 10% 的精力或资源,用于长远、高风险的创新项目,这些项目可能与当前业务关联度并不大,但却有可能孕育出颠覆性的创新成果,为企业未来的发展开辟新的道路。比如,可以设立专门的创新实验室或团队,进行大胆的尝试和实验,或者投资于前瞻性研究和早期项目孵化。

总的来说,"721" 创新模型提供了一种平衡稳定与创新的框架,通过 70%、20%、10% 的资源比例配置,既可以保障企业的短期利润和市场份额,又不失创新活力和适应未来的能力。

14.3.2 "50/30/20" 工作法

很多的思维或工具都可以被跨界运用，我们也可以将这种资源分配方式应用到个人的时间管理中。在时间管理理论中也有一个类似 "70/20/10" 创新模型的理论——"50/30/20" 工作法。

"50/30/20" 工作法是一种时间管理策略，它倡导将工作时间划分为 3 个主要部分，各部分的时间占比分别为 50%、30% 和 20%，在不同的时间段内完成不同的任务，从而确保在不同类型的活动中都能保持高效和平衡。具体内容如下。

（1）50% 处理核心工作，包括日常的工作任务、关键项目、短期内必须完成的挑战等。这部分时间要求集中精力，排除干扰，确保核心工作的高效完成。

（2）30% 用于专业发展和提升，包括学习新知识、了解行业的动态、阅读专业文献、编写博客文章以提升写作能力等，这些内容有助于扩展自身技能的边界和提高职业素养。

（3）20% 用于创新和探索新的兴趣、研究，包括对新项目或想法的研究、业余兴趣的培养等。这部分时间有助于开拓视野，激发创意，同时也是对工作压力的良好调节。

14.3.3 "721" 创新模型与 "50/30/20" 工作法的共同点

1. 合理分配资源

这两种方法都强调了在不同类别的任务或项目之间进行合理分配的重要性，保证企业或个人的精力既能聚焦当前核心任务，也能够探索新的机会。

2. 高效与创新

通过这两种时间和资源的划分，既可以保证日常运营的高效，也鼓励了持续创新，有利于长期成长和提升竞争力。

既要保留大部分的时间用来维持当下必须做的事情，也要留出时间让自己学习、接纳新的知识，还要留出时间为创新提供血液，让自己通过跨界或探索提供能量。

14.4 WOOP 思维模型

WOOP（Wish，Outcome，Obstacle，Plan）思维模型是一种帮助个体有效设立和实现目标的心理策略，通过识别愿望、设想结果、识别障碍和制订计划，促使人们更加积极地面对和克服挑战，实现自我效能的最大化。

1. 愿望（W）

明确你想要实现的一个具体愿望或目标，比如希望在接下来的一个月中完成某个项目。

2. 结果（O）

详细地想象如果你实现了这个愿望，最好的结果是什么样子，感受那种成功的喜悦和满足感，尽可能生动、具体地描绘出愿景。

3. 障碍（O）

认真思考在实现愿望的过程中，可能会出现哪些内在的心理障碍（如拖延、害怕失败）或外在的实际情况（如时间紧张、资源匮乏）。

4. 计划（P）

针对识别出来的主要障碍，制订一个简单有效的计划。

下面举个例子说明在个人的思维中如何应用 WOOP 思维模型。某程序员最近要开发一个重要且复杂的关键功能，但担心可能会来不及开发完或匆忙开发完后漏洞太多，此时他可以根据 WOOP 思维模型进行如下思考。

1. 愿望（W）

书面化写出自己的愿望，如"我希望在两周内完成这款应用程序的关键功能开发"。

2. 结果（O）

想象自己成功完成了这项任务，应用程序上线后运行良好，客户积极反馈他们对产品好的看法，自己也因此获得了思考和技术层面的提升。

3. 障碍（O）

根据愿望的良好结果，思考什么因素可能导致良好结果无法如期到来，即过程中可能存在的障碍，也许是每天工作时间太长影响健康、突发的技术难题、工作与家庭生活的难以平衡、团队协作中的沟通需要耗费很多时间等。

4. 计划（P）

根据以上每个可能的障碍制定应对的措施。例如，遇到突发的技术难题，可以寻求某个同事的帮助；为了平衡工作与生活，可以设定严格的下班时间或者在跟家人一起吃饭休息一段时间后再挑灯夜战；自己不擅长沟通，但是当前项目，不得不沟通，可以提议定期组织会议与各协作方交流进度和当前的难点，或者找到擅长沟通的同事帮忙沟通。

WOOP 思维模型没有复杂的逻辑，4 个简单的步骤，就可以让你轻松掌握问题关键，更清晰地看到自己的目标和挑战，并有针对性地制订行动计划，从而有效提高工作效率和生活质量。

14.5 敏捷开发

工作中的很多思维、逻辑是可以应用到生活中的，比如敏捷开发的思路应用到个人管理上，同样也可以提升个人的时间管理和效率。此外，敏捷开发中的四化法，在新产品开发工作管理中也同样适用。

在互联网的敏捷开发实践中，经常会用到流程化、模板化、清单化、迭代优化的思想来提升开发的效率和产品质量，确保团队能够快速响应市场变化。

14.5.1 敏捷开发的步骤

1. 流程化

敏捷开发中，通过设定一系列标准化的流程来指导项目管理和产品开发，通常会采用 Scrum、Kanban 等方法。以 Scrum 为例，团队会遵循固定的迭代周期（通常以 2~4 周为一个迭代），在每个迭代开始时，要先开迭代的计划会议，确定本次迭代要完成的任务；在迭代中，每日召开会议，团队成员可快速分享项目的进展和当前的挑战；在迭代结束时，还需要进行评审和回顾，展示成果并总结、学习等。

2. 模板化

敏捷开发中，通常鼓励使用模板化的工具和文档来简化工作。比如，产品团队会使用用户故事作为需求收集的模板，通常包含场景、内容、验收标准、非功能需求等，帮助团队成员从用户的视角理解需求；研发团队可以使用任务看板来可视化项目的工作流程，看板上的每一列代表一个项目状态，每项任务以卡片形式从一列移动到下一列，直至完成。

3. 清单化

敏捷开发中，通过建立产品待办事项清单和迭代待办事项清单来管理产品或项目的任务。比如，产品待办事项里会包含所有已知的和潜在的需求，且保持动态更新；迭代待办事项则是从产品待办事项清单中挑选出来的要在某一个迭代中完成的具体任务，通常在每个迭代开始前，团队成员要在一起评审待办事项的清单，挑选出优先级最高的任务进入迭代待办事项中，并分配人员、归属责任。清单化是保质保量执行项目的关键。

4. 迭代优化

敏捷开发的核心思想是持续改进。在每个迭代结束时，团队都会进行迭代的回顾会议，反思过去的迭代中大家在协作或效率方面，什么做得好、什么可以改进。基于这些反思，研发团队会调整协作的方法和流程等。而产品团队也需要通过定期的产品回顾和市场分析，调整产品的方向和策略，从而保证产品在市场中的竞争力。

通过这样的流程化、模板化、清单化和迭代优化，敏捷开发团队能够保持高效的工作节奏，同时能够确保产品快速适应用户需求和市场变化。

14.5.2　敏捷开发的应用

生活中很多思维是相通的，敏捷开发的思路应用到个人管理上同样也可以提升个人的时间管理和效率。在个人的时间管理上，也有同敏捷开发的四化法类似的工作管理四化法。

以程序员应用工作管理四化法为例。

1. 流程化

针对自己的日常事务先梳理出常规的环节有哪些，比如开发一款功能，要先理解需求，再设计思考，编码、测试、部署、补充文档，要把这个任务涉及的环节都先罗列出来，梳理成标准的流程。特别是对于自己不熟悉的事物，把流程梳理好后，自己先跟着走几遍，就比较容易记住流程步骤，避免漏掉了该做的内容。同时，还要记住，在流程化时，要把各个环节的依赖关系、等待时长等也给罗列出来，并在各个环节中确立清晰的责任分工（自己与他人的分工）。

2. 模板化

针对流程化或重复性高的事情，看能否整理出模板，让自己可以快速复用已有的经验。比如，利用代码片段插件等方式，创建常用的代码模板，减少重复编写；制定统一的文档模板，如需求规格书、设计文档模板。

3. 清单化

列待办事项是一个让自己聚焦、减少分心的好方法，同时也能减轻大脑的记忆压力，如果能再结合使用各种项目管理工具并根据优先级进行排序，则更能提升效率。这一步骤需要注意清单每项任务条都要有具体的目标和预估的时长，以便在实施中随时可查看每项任务的进度情况。

4. 迭代优化

在项目结束后进行复盘是一个非常重要的环节。思考后的实践很重要，但实践后的思考也同样重要，只有不断地总结、自省，才能帮助自己找到思考或行为中的漏洞，发现并解决自己某个效率低下的问题。通过不断迭代优化，让自己的思路一直适用当下的环境。

14.6　任务分解

任务分解是将复杂的项目或大型任务分解成更小、更易于管理的部分的过程。这种方法有助于提高效率，确保每个步骤都得到适当的关注，并使得整个项目更容易跟踪和控制。

任务分解不仅有助于简化复杂的工作，还有助于提高团队的参与度和项目的透明度。通过将大任务分解成小步骤，每个团队成员都可以更清楚地了解自己的角色和责任，从而提高整体的工作效率和项目成功率。

以下是任务分解的一些关键步骤和技巧。

（1）明确目标：首先，清晰地定义项目或任务的最终目标，这将帮助你确定需要完成的具体任务。

（2）识别主要阶段：将项目分解成几个主要阶段或里程碑，这些阶段应该是完成项目所必需的关键步骤。

（3）细化任务：在每个阶段中，进一步将工作分解成具体的任务，确保每个任务都是可操作的，并且有明确的输出或成果。

（4）分配资源：为每个任务分配必要的资源，包括人员、时间、资金和工具，考虑任务之间的依赖关系，并合理分配资源。

（5）确定优先级：根据任务的重要性、紧急性和依赖性，为每个任务确定优先级，这有助于确保关键任务得到优先处理。

（6）制作时间表：为每个任务设定截止日期，并创建一个时间表来跟踪进度，这有助于确保项目按时完成。

（7）监控进度：定期检查每个任务的进度，并与原始计划进行比较，如果出现偏差，及时调整计划。

（8）沟通与协作：确保所有团队成员都了解自己的任务和责任，并鼓励开放地沟通，这对于任务的成功完成至关重要。

（9）风险管理：识别可能影响任务完成的潜在风险，并制定应对策略，这有助于减少不确定性并提高项目的成功率。

（10）复盘和调整：在项目完成后，进行复盘，评估哪些方面做得好，哪些需要改进，从每个项目中学习，以便在未来的任务分解中更加高效。

14.7　时间管理

时间管理是指通过各种技巧和工具有效地规划和控制个人在特定活动上花费的时间，以提高效率和生产力。良好的时间管理可以帮助完成任务，达成目标，并平衡工作和生活。通过实施这些时间管理技巧，可以更有效地利用时间，提高生产力，减少压力，并实现个人和职业的成功。

记住，有效的时间管理是一个持续的过程，需要不断地实践和调整。

以下是一些实用的时间管理技巧。

（1）设定目标：明确你的长期和短期目标。这将帮助你确定哪些任务是最重要的，应该优先完成。

（2）制作任务列表：每天或每周制作任务列表，将任务按照优先级排序。这有助于你保持组织性，并确保所有任务都得到关注。

（3）时间分块：将你的日程分成一块块时间，每个时间块专注于一个特定的任务或一组相似的任务。这有助于减少多任务处理带来的注意力分散。

（4）避免拖延：识别并处理导致你拖延的原因，如恐惧、完美主义或任务的不确定性，通过分解大任务或为任务设置小奖励来克服拖延。

（5）学会说"不"：了解你的限制，学会拒绝那些不重要或与你的目标无关的请求，这有助于你专注于最重要的任务。

（6）使用工具：利用日历、计划软件、待办事项应用程序等工具来帮助你跟踪和管理时间。

（7）休息和恢复：确保你的日程中包含休息时间，定期休息可以提高你的注意力和效率。

（8）自我反思：定期回顾你的时间管理方法，看看哪些方法有效，哪些需要改进，根据需要调整你的策略。

（9）代理任务：如果可能，将那些不需要你亲自完成的任务委托给他人，这可以帮助你释放时间，专注于那些只有你能做的任务。

（10）设置截止日期：为任务设置明确的截止日期，即使是那些没有外部截止日期的任务也是如此，这有助于你保持动力并按时完成任务。

（11）优先处理最重要的任务：每天开始时，先处理最重要或最困难的任务，可这被称为"吃青蛙"法则，即先解决最不愿意做的任务。

（12）管理干扰：识别并最小化干扰，比如不必要的会议、社交媒体通知等，可设定特定的时间检查电子邮件和社交媒体，而不是整天不断分心。

14.8　委派任务

委派任务是管理工作中的一个重要方面，将责任和工作分配给其他人，以便更有效地利用资源并达成目标。通过有效地委派任务，不仅可以提高团队的生产力，还可以培养团队成员的领导能力和责任感。

记住,委派是一个双向过程,需要信任、沟通和支持。

以下是一些有效地委派任务的技巧和建议。

(1)确定可委派的任务:不是所有的任务都适合委派,理想的委派任务通常是那些不需要你直接参与的、例行的或者团队成员已经具备必要技能的任务。

(2)选择合适的人选:根据任务的性质和所需的技能,选择最合适的人来完成这项工作,委派给正确的人可以提高任务完成的质量和效率。

(3)明确指示和期望:当你委派任务时,要确保接受者清楚地理解任务的目标、期限、预期结果以及他们的职责,要提供必要的背景信息和资源,确保他们知道如何工作。

(4)设定明确的期限:为委派的任务设定明确的截止时间,这有助于确保任务按时完成,同时也要为大型任务设定里程碑,以便跟踪进度。

(5)授权决策权:给予被委派者足够的自主权来作决定和解决问题,这表明你信任他们的判断,能激励他们更好地完成任务。

(6)提供支持和资源:确保被委派者有必要的支持和资源来完成工作,包括访问特定工具、信息或其他团队成员的帮助。

(7)监控进度但不要过度干预:委派并不意味着你可以完全放手不管,要定期检查任务进度,确保一切按计划进行,但同时也要避免过度干预,给予被委派者足够的空间来完成任务。

第 15 章
产品思维

产品思维是产品经理需要具备的重要能力。事实上，每个人都应该具备产品思维，因为产品思维可以帮助我们更好地生活。

产品思维是人生的底层能力。产品思维不仅是产品经理这个岗位的必备职业素养，更是非常具有普适意义的思维框架。拥有产品思维的人，对人和世界有更好的认知，更能接受世界本来的矛盾和复杂性，拥有生活的智慧。

通过产品思维，能够在从产品小白逐渐变成高级产品经理的过程中，跨越认知的鸿沟，从 0 开始构建一个全新的认知体系和思维方式，并运用这个认知系统去组织整合资源，向世界交付个体价值。

那么到底什么是产品思维呢？可从用户思维、价值思维、系统思维、迭代思维和数据思维 5 个方面思考。

⚙ 15.1　用户思维

做产品首先要理解用户。对用户不了解，产品设计无从谈起。用户思维并不是只研究我们的服务和产品针对的用户，实际生活中跟我们接触的每个人都是我们的用户。

对每一个接触的人，你都应该思考对方到底想要什么，这就是用户思维。

15.1.1　用户痛点最重要

人有很多需求，在永无止境的欲望当中，最关键的是痛点需求。一定要把需求分出优先和重要，如果跳不出什么都想要的思维定势，极容易陷入纠结和痛苦之中。

在做产品功能设计时，我们习惯列出大而全的产品解决方案，听上去非常完美，可以解决用户好多问题。但真的每个功能都需要吗？

如果完成每一个功能点的开发上线，你永远都觉得受限于有限的开发资源，你会因为没有足够的开发资源而懊恼。但是，如果从众多功能中强行让你挑选出最能解决用户痛点的功能，在有限的资源下做最大化价值的功能点，矛盾是不是就解决了？这是产品里提到的 MVP 思想。

工作生活均如此，永远都要努力识别最关键的那个点是什么，优先解决自己的痛点需求。在痛点之下，其他的都得放弃或者不优先考虑。不断逼问自己最想要什么，永远朝着自己最想要的那个点去追寻，此即目标的坚定性和唯一性。最痛的那个点被解决，再换下个点突破。

15.1.2　用户是环境的产物

用户本身没有变过，但是用户在不同环境氛围下会做出不同的条件反应。我们并不是要强行改变用户本身，而是为用户创造改变的条件。

电商平台的商品销量显示、秒杀活动倒计时等均是在给用户创造商品热销的场景，刺激用户下单购买。如果功能没有营造出场景的概念，功能本身意义不大。

实际生活中也是如此，如果你想让一个人尽可能讲出内心话，强行逼问大概率得不到想要的答案，但是如果你为他创造一个讲出内心话的场景，他讲完以后可能还会诧异自己为何说了这么多。

有时候，觉得自己不够好，并不是自己本身不够好，而是所处的环境不合适。改变环境或者创造环境，用环境来驱动用户做出行为反应，慢慢得到自己想要的结果。

15.2　价值思维

价值思维是指在具体的产品工作中，我们会关注一个需求或项目提升多少转化率、节省企业多少人力成本、提高多少流程效率这样的可度量的数据。

价值思维听上去具有很强的功利心，但却是成年人必须要深刻认识到的思维方式。关系建立的本质便是期望从对方身上获取到自己想要的那部分需求。

如果你想持续从对方身上获取到价值，那首先你得先给出你的价值，包括时间、精力甚至情绪等。职场中的沟通也是如此，再多的沟通技巧都抵不过利益共存。先不要去讲你希望对方为你做什么，而是告诉别人做了这件事他可以获得什么。沟通中找到对方所关注的核心利益，就能大幅度地提高沟通的效率。

15.3 系统思维

系统思维是跳出单一功能或局部视角，从整体性、关联性、动态平衡、层级性的角度设计产品的核心能力。它强调产品并非孤立存在，而是与用户、市场、技术、生态共同构成的复杂网络。

15.3.1 系统思维的 4 大核心原则

1. 整体性原则

整体性原则是指系统整体功能大于各部分简单相加，即"1 + 1 > 2"效应。例如微信生态系统使聊天 + 朋友圈（社交）+ 小程序（服务）形成闭环，用户不必离开 App 即可满足多元需求。

2. 关联性原则

关联性原则是指关注系统内外部要素的相互作用，如功能模块耦合度、上下游依赖关系。例如美团外卖，商家入驻量影响用户选择，用户订单量反推商家补贴策略，形成动态平衡。

3. 动态平衡原则

动态平衡原则是指系统需在稳定与变化间找到平衡，如功能更新不破坏原有用户体验。例如 Windows 系统的兼容性，新版本需支持旧软件，避免企业用户因升级成本流失。

4. 层级性原则

层级性原则是指系统由多层子系统构成，每层解决特定问题（如技术层、业务层、体验层）。例如，自动驾驶系统具有感知层（雷达／摄像头）→决策层（智能算法）→执行层（车辆控制）的层级性。

15.3.2 系统思维的关键方法与工具

1. 系统架构图

系统架构图是指可视化产品模块关系与数据流向。例如支付宝架构由支付核心（交易清算）、金融服务（花呗／余额宝）、生活服务（健康码／出行）组成。

2. 依赖关系分析

依赖关系分析可分为识别功能间的强依赖（如登录功能依赖短信验证服务）与弱依赖（如个性化推荐可降级为通用列表）。

3. 反馈循环设计

反馈循环设计分为两种类型：一种是增强回路，指正向循环（如用户增长→内容增多→更多用户）；另一种是调节回路，指抑制过度增长（如社区管理规则防止内容水化）。例如，知乎问答生态：优质回答获赞→激励创作者→吸引更多用户提问（增强回路）；低质内容被折叠→减少垃圾信息（调节回路）。

4. 系统边界定义

系统边界定义的核心问题是明确产品做什么与不做什么。例如米家生态链是核心自研产品（路由器／手机）+生态链企业（智能灯泡／扫地机器人），通过统一协议控制边界。

15.3.3 系统思维的失败教训与避坑原则

1. 典型失败场景

过度复杂化：盲目添加功能导致系统臃肿（如早期塞班系统因兼容过多硬件而崩溃）。

忽视外部依赖：未考虑第三方服务风险，如某 App 因社交平台的应用程序编程接口变更导致登录功能瘫痪。

单点故障：关键模块无冗余设计，如某云计算厂商单数据中心停止运行，无法执行用户请求引发全网服务中断。

2. 避坑原则

模块化设计：高内聚低耦合，确保单一模块故障不影响全局，如微服务架构。

弹性系统：预留扩展接口，如支持插件机制，适应未来需求变化。

全链路压测：模拟极端场景，验证系统承压能力。

总之，系统思维的本质是"看见不可见"。

（1）看见关联：从功能点到生态网络。

（2）看见演化：从静态设计到动态适应。

（3）看见复杂性：从线性因果到网状互动。

掌握系统思维的产品经理，需预判未来市场变化，通过全局最优解，让产品在时间与空间维度上持续创造价值。

15.4　迭代思维

迭代思维是产品进化的核心引擎。迭代思维不仅是产品开发的方法论，也是一种动态演进的哲学。它强调在不确定性中寻找确定性，通过持续反馈与优化实现产品价值最大化。

假设提出：基于用户痛点或市场机会提出核心假设。

最小可行产品验证：用最低成本构建最小可行性产品。

数据收集：通过用户行为、转化率、留存率等指标验证假设。

快速调整：根据反馈优化或推翻假设。

规模化扩展：验证成功后逐步扩大范围。

15.5　数据思维

产品思维中的数据思维是指通过数据驱动产品决策、优化体验和验证假设，而非依赖直觉或经验，其核心在于将抽象的用户行为、业务目标转化为可量化、可分析的指标，并基于数据洞察指导产品全生命周期。

（1）从 0 到 1：数据帮助发现机会、验证需求、设计最小可行产品。

（2）从 1 到 100：数据驱动增长策略、用户体验迭代、商业模式优化。

产品经理需在同理心（用户洞察）与理性思维（数据分析）之间找到平衡，最终打造出既"叫好"又"叫座"的产品。

15.5.1 定义任务

定义任务指的是明确当前需要研发的版本的目标。要定义版本的任务，首先需要明确当前版本需要实现什么业务目标，进而明确为了实现业务目标需要实现哪些功能，最后明确为了实现功能需要实现哪些需求，如图 15-1 所示。

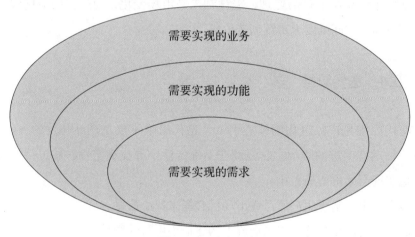

需要实现的业务

需要实现的功能

需要实现的需求

图 15-1　定义任务

这样，问题最后就转换成了当前版本需要实现哪些需求，而需求管理正是产品经理所擅长的领域。

举个例子，假设当前版本的业务目标是实现用户的注册登录，这个业务目标可以拆分成两个功能点，分别是用户注册和用户登录。

用户注册的功能点可以进一步拆分成账号密码注册、手机号注册以及第三方账号注册的需求，也可以将第三方账号注册列为功能点，将需要实现的第三方平台账号对接作为具体需求，划分颗粒度可以根据具体产品来决定；用户登录功能也同样拆分成多个需求。如图 15-2 所示。

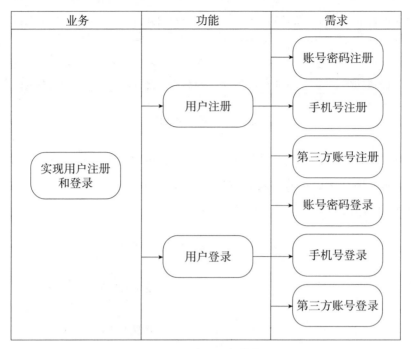

图 15-2　定义任务的案例

15.5.2　确定优先级

可以按需求关联（依赖）度、开发难度、开发周期等多种维度进行多维评分来确定需求优先级。

需求的依赖条件一般有需求依赖、设备依赖、政策依赖、开发依赖、环境依赖、安全依赖等。紧前关系绘图法就是通过确定每个需求之间的依赖关系，最终推导出每个需求之间优先级顺序。这种方法一般会综合多维度进行划分，对于依赖关系比较密切的需求可以快速划分出它们之间的优先级。

以购物车为例，假设现在需要购物车实现添加购物车、删除购物车、清空购物车、购物车支付、修改商品数量、选择商品、统计选择商品数量、统计选择商品金额的需求。如果要对这一堆功能划分优先级，基本上除了添加购物车需求是最先能够被确定的之外，其他需求的优先级都很难定。这个时候，我们就可以通过紧前关系图来推导优先级。如图 15-3 所示。

图 15-3　紧前关系图

需要注意的是，一定要找紧前关系，就是实现当前需求之前需要实现的需求。如果你找紧后关系，就会发现除了添加购物车需求第一个实现，其他功能都可以作为其紧后关系，如图 15-4 所示。

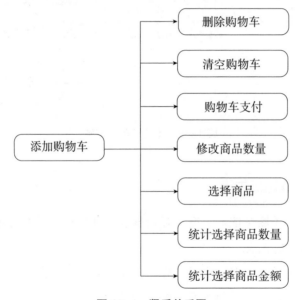

图 15-4　紧后关系图

这样的优先级是没有太大参考价值的，所以需要找紧前关系。找紧前关系需要遵循的原则是，每个需求都要找到紧前关系，并且是联系最紧密的那个需求。

我们可以尝试找一下每个需求的紧前关系，如图 15-5 所示。

按思维导图的形式把这个图重新梳理一下，就可以重新得到一个紧前关系图，如图 15-6 所示。

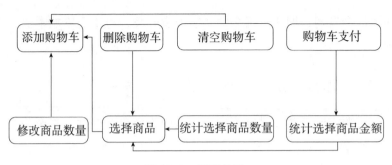

图 15-5　逻辑关系

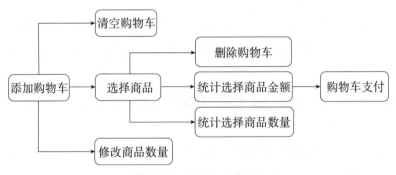

图 15-6　紧前关系重塑图

通过该图除了可以知道每个需求的优先级以及它们之间的依赖关系，甚至可以在图中找出本次开发任务的主线，比如我们此次的业务目标是让用户可以将商品添加到购物车并支付，那么我们只要找到最终目标购物车支付，然后顺着紧前关系一直往前找，就会找到本次开发任务的主线，如图 15-7 所示。

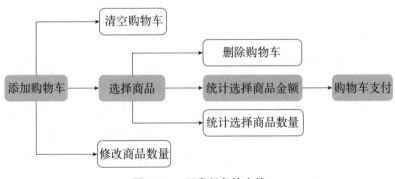

图 15-7　开发任务的主线

如此你会发现，即使有很多的功能没有开发，也不会影响本次业务目标的实现。

15.5.3　估算资源

估算资源之所以放在进度管理中，是因为资源对进度有着至关重要的影响，相同的需求，5 个人开发和 10 个人开发，进度肯定是不一样的。

在产品研发的不同阶段，需求不同，所需的资源也不尽相同，所以估算资源需要在任务和需求确定之后进行。

资源可以分得很细，但一般习惯性将它分为人力资源和支撑资源两大类。

人力资源很好理解，就是本次产品研发需要的人员，核心点一般就是岗位、人数、职级 3 个。

岗位指的是本次研发需要用到哪些岗位的人员，比如产品经理、UI 设计师、前端开发工程师、后端开发工程师等。

人数指的是每个岗位需要的人数，比如需要 2 名产品经理、1 名 UI 设计师、2 名前端开发工程师和 4 名后端开发工程师等。

职级指的是每个岗位人员的能力级别，比如 4 名后端开发工程师中要求至少 1 名高级工程师和 2 名中级工程师。

支撑资源是指除了人力资源以外，一切支撑产品研发的资源，比如产品研发需要的服务器、数据库等资源。

支撑资源也需要根据需求进行评估，比如进行验证码登录需要开通短信包资源，移动支付需要开通支付接口，等等。

在开始一个版本之前，就要先评估好需要哪些资源，并且确认好这些资源落实的时间，确认哪些资源是必须在开始研发前到位的，哪些是可以在研发进行过程中申请和推进的。

这个时候我们会发现，我们在上一阶段确定优先级的时候，只针对需要开发的需求确定了优先级，实际上在整个进度管理过程当中，申请或等待资源落实也会占用时间，因此应该把申请资源之类的任务也放到紧前关系图中。

比如我们需要在添加购物车需求开始的同时进行申请开通支付接口的任务，非需求的任务我们可以用另外的颜色标注出来，如图 15-8 所示。

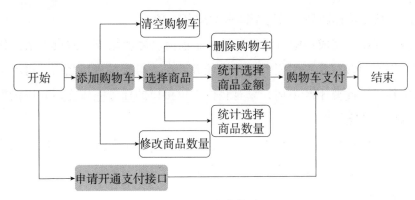

图 15-8　任务构建

添加购物车和申请开通支付接口并列进行，没有紧前关系，所以可以增加一个开始节点来代替。购物车支付有两个紧前任务，只有当这两个紧前任务都完成的情况下，购物车支付任务才可以开始。

15.5.4　估算时间

确定需要开发的需求和所需资源之后，就可以对每个需求的开发时间和每个资源的落实时间进行评估，这个阶段需要研发人员介入，对每个任务进行详细评估。

评估时间一般依靠评估人员的经验和综合分析得到，最终需要将评估的结果反映到紧前关系图中。评估时，并不是简单地评估好每个任务所需要的时间就够了，还要考虑到 4 种关系和 2 个量。

1.4 种关系

（1）完成—开始：紧前活动完成，紧后活动才能开始。比如，添加购物车的功能完成之后，才可以开始清空购物车的功能。

（2）完成—完成：紧前活动完成，紧后活动才能结束。比如，统计选择商品金额和选择商品可以同步开发，但在选择商品功能开发完成之前，没有办法验证统计选择商品金额功能是否正确实现，所以必须在选择商品的功能开发完成之后，统计选择商品金额功能才能完成。

（3）开始—开始：紧前活动开始，紧后活动才能开始。比如，统计选择商品金额需要等选择商品开始之后才能开始，否则如果突然取消选择商品这个需求，那么选择商品金额这个需求就没有意义了。

（4）开始—完成：紧后活动开始，紧前活动才能结束。假设申请支付接口和获得支付接口是一组紧前、紧后任务，在获得支付接口之前，可能会有多次审核，因此要不断申请，只有获得支付接口的任务完成之后，申请支付接口的任务才能结束。

紧前、紧后关系并不是绝对的，相同的紧前、紧后活动在不同的场景下可以有不同的定义，对工期的评估自然也会有不同的影响。

2.2 个量

（1）提前量：相对于紧前活动，紧后活动可以提前的时间量。比如统计选择商品金额活动可以提前3天开始，不用等选择商品活动开始，这个"3天"就是提前量，在算工期的时候，可以减去这个时间。

（2）滞后量：相对于紧前活动，紧后活动需要推迟的时间量。比如开通支付接口申请提交后，需要等7天完成审核，之后才能对接支付通道，这个"7天"就是滞后量，在算工期的时候，需要加上这个时间。

不仅每个任务的时间会影响整体工期，紧前、紧后的关系以及提前量和滞后量也会影响整体工期，评估后同样需要将每个活动的时间、它们之间的关系以及提前量或滞后量标注在紧前关系图中，如图15-9所示。

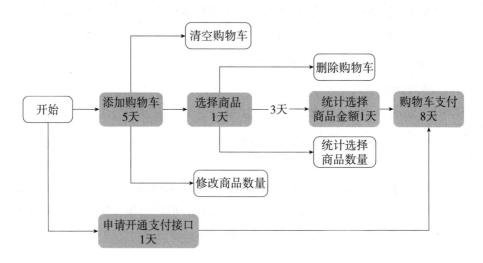

图15-9　时间估算

15.5.5　制订进度计划

由于互联网产品的迭代速度极快，现在几乎已经没有产品经理会为了某个版本去专门制订一份书面计划，但不是不做计划，而是用项目管理软件来管理每个版本的计划。

目前市面上有很多项目管理软件，一般都是以需求或任务为单位，对需要完成的需求或任务进行详细描述，并指派负责人员以及规划好开始和结束时间，各成员在开发需求或执行任务过程中须对计划更新。

通过管理软件看板就可以清晰了解到每个需求或任务的状态以及完成度，做得比较细的项目管理软件甚至还会提供各种维度的数据统计报表。如图 15-10 所示。

图 15-10　某项目管理软件界面

15.5.6　监控进度

监控进度的节点称为监控点或里程碑。一般在制订进度计划时会约定将某个任务完成的具体日期作为监控点，在任务完成或到达约定日期时，对产品研发进度进行监控。根据版本的大小，监控点可能很密，也可能很少，一周一更的产品甚至有可能没有设置监控点，只在最后进行验收。

得益于项目管理软件的应用，监控产品研发进度也变得更加直观和简单，关于监控进度的工作，主要记住以下几点。

（1）判断当前产品研发进度的状态：进度超前、正常还是落后。

（2）对可能引起进度变更的因素施加影响，使其朝有利方向发展。比如申请开通支付接口过程中，有可能资料审核不通过，需要重新提交资料，容易影响到后面支付功能的开发，所以一定要及时关注动态，确保不会因为申请过程延误太长时间而影响到产品研发。

（3）判断项目进度是否已经发生变更，并在变更发生时使用变更控制流程对其进行管理，如图15-11所示。

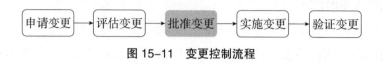

图 15-11　变更控制流程

15.5.7　控制进度

控制进度主要是在进度超前和进度落后时介入。

进度超前未必是一件好事，当进度超前时，需要进行3个核实：

（1）核实产品需求是否按照设计正确实现，比如是否有规划好的需求没有开发；

（2）核实产品质量是否达到既定指标，比如查询性能是否达到合理的指标，查询时间是否在预先确定的范围内；

（3）核实进度计划是否合理，比如制订计划时是否将原本3天可以实现的需求写成5天。

如果核实发现问题，需要进行干预，比如要求按照设计优化产品，或重新修正进度计划等，如果经过以上3个核实都没有发现问题，那么这个进度超前到目前为止是一件好事。

进度落后则一定不是一件好事，当进度落后时，同样需要进行3个核实：

（1）核实造成进度落后的原因；

（2）核实实际落后的进度；

（3）核实落后的进度是否已经对整体的进度产生影响。

核实原因是为了解决问题，核实落后进度是为了提供针对性的改进方案，核实对整体进度的影响是为了确认是否需要调整整体的进度计划。

针对落后的进度，一般有以下几种改进方法。

（1）赶工。注意这种方式可能会影响成员情绪，需要做好人力资源管理。

（2）快速跟进。将原本按顺序进行的任务改为并列进行，可能会有返工危险，需要做好产品质量管理。

（3）使用高素质人才。将初级工程师暂时替换成高级工程师，以期提高工作效率，降低返工风险。

（4）改进技术。比如，使用更加成熟或更加容易维护的系统框架。

（5）加强质量管理。产品质量管理需要在整个产品研发过程中持续关注，避免因为早期没有发现的产品质量问题导致后期需要返工。

（6）在获得批准后，删减部分依赖程度较小的需求。比如前文所举例子中，业务目标是实现添加购物车并支付，后来发现相关的几个需求实现难度比想象的复杂，进度严重落后，则可以在经过审批并获得同意后，将与业务目标依赖性较小的需求删掉，在后续的版本中完成。